ミステリな建築
建築なミステリ

文 篠田 真由美
イラスト 長沖 充

はじめに

記憶の中に一棟の西洋館がある。雲の低く垂れた夕暮れどきの空の下、黒ずんだ粗い仕上げの石積みの壁が、頭上から覆い被さるようにそびえている。立ち止まって見上げる視点は低い。私はたぶん十歳にもなっていない。人気はなく、灯りも見えず、荒廃の気に包まれたそれに、なぜか抗いがたく引き寄せられる。影の落ちた車寄せの下の玄関扉に身を寄せ、埃まみれのガラスから暗い内部を覗きこむ——

原体験は夢ではなかった。ジョサイア・コンドル晩年の作、旧古河邸は、いまでこそ邸宅前に広がる薔薇園で知られ、花期には多くの訪問者で賑わうが、当時は荒廃の中に打ち捨てられているに等しかった。市ヶ谷の旧小笠原邸、那須の旧青木別邸と、現在は美しく再生された邸宅を訪ねながら、それらにかつて目にした廃邸の姿を重ね合わさずにおれないのは、幽霊屋敷や空き家の登場するホラーやミステリを愛読する自分のゴシック趣味のためだけではなく、古河邸と出会った幼時の記憶のゆえではないかと思うことがある。

近代建築をモチーフにしたミステリのシリーズを長く書きながら、建築に関してはただ好きなだけの素人である自分が、思いがけず〈建築知識〉という専門雑誌から連載の依頼をいただいたとき、実在した建築とフィクションの建築の間を繋ぐものなら書けるのではないかと考えた。

建築史研究者で同時にミステリ好き、というスタンスで文章を書いている人は取り敢えず思い当たらないし、ミステリ作家やミステリ・マニアで、登場する建築に強いこだわりを持っているらしい人というのも、少なくとも自分は知らない。真っ当な研究者は当然ほしいままの空想に酔うことは許されないし、ミステリに軸足を置く人間には、建築は作品を構成する要素のひとつ以上のものではないからだ。その点どっちつかずの自分なら、その空白に手を突っ込めるだろう。つまりは隙間狙いである。

江戸川乱歩(えどがわらんぽ)の少年ものを開けば、怪人のアジトはなぜか必ず西洋館だった。

不可思議な密室殺人が発生し、名探偵の叡智がその謎を白日の下に解体する、舞台はやはり西洋館でなくてはならなかった。

若い日から慣れ親しんだ本の中の風景は、妖しくも美しく懐かしい。

また来る春、古河邸を訪ねたならば、あざやかな花々の揺れるローズガーデンの向こうに、自分は椿子爵邸や碧水閣、黒死館や氷沼邸を幻視することだろう。

虚実のあわい、夢想の西洋館はおぼろに、だが消えることなくたたずんでいる。

ミステリな建築　建築なミステリ　目次

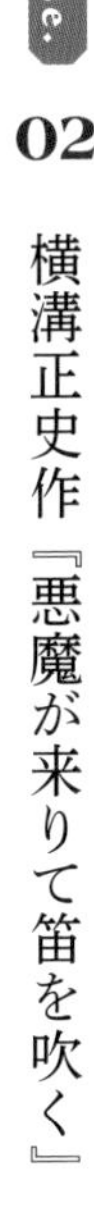

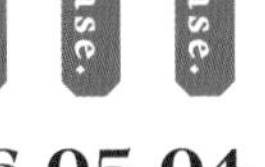
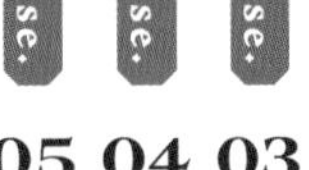

＊本文中、取り上げた参考書や小説作品からの引用部分は**太文字**（ゴシック）で表記しています。ルビは基本引用書のママです。また引用箇所の中の（前略）（中略）（後略）は、読みやすさを考慮して、表記していない場合があります。

＊文中で取り上げたミステリについては、事件の真相やトリック、犯人、その動機などは可能な限り言及を避けていますが、そのために書き方が遠回しになったり、わかりにくくなっている箇所があります。逆に、それでもここで真相がわかってしまった、と思われる可能性もありますが、なにとぞご容赦ください。

＊連載のときは各章に関連する書籍のご紹介も本文に含めていましたが、今回は直接引用したり参考にしたもの以外、巻末の「ブックガイド」にまとめました。各章の引用元は実際に利用した版を書きましたが、「ブックガイド」では、できるだけ新刊で入手可能な本を優先しました。ただし昨今の出版事情もあり、そこは思うに任せませんでした。品切れ本は図書館などの活用をお勧めします。

デザイン：梶原結実　印刷：シナノ書籍印刷

第一部

建築のミステリを読む

築地ホテル館のレセプションはどこにあったか

日本最初の西洋式ホテルの謎

【 築地(つきじ)ホテル館 】

1868年10月、東京の築地に開業した外国人向け宿泊施設。設計はアメリカ人技師 R.ブリッジェンスと二代目清水喜助(しみずきすけ)。江戸幕府最後の大事業だったが、1872年4月の銀座大火で焼失、わずか4年で姿を消した。

海から見た築地ホテル館

ではこれより、海外に向かって長らく扉を閉ざしてきた日本が、開国に踏み切ることで始まった近代、主に国内に出現したいくつかの建築物と、そこに表出した謎を巡る旅に出かけたいと思います。トピックはほぼ時代順に並んでいますので、取り敢えずは前からお読みください。

まずご紹介するのは日本で最初に作られた官営の西洋式大規模ホテル、通称『築地ホテル館』です。開港地となった横浜には、当時すでにいくつかのあまり大きくないホテルが開業していたようですが、将軍が住まう江戸に外国人居留地を開設し、洋式のホテルが徳川幕府によって作られる、ということに、大きな政治的意味がありました。イギリス公使が幕府に建設を要求したのも、当然そのためです。

一八六八年十月、現代でいえば移転前の築地市場があったあたりに、海を臨んで建てられたホテルの名はよく知られています。名称だけでなく、ヴェランダを巡らせた横長の、壁はなまこ壁、寄せ棟の上に和風とも中国風ともつかぬ塔屋を載せた、奇妙な和洋折衷建築の写真を思い浮かべる方もおられると思います。しかしホテル館の命はたった四年という、まことにはかないものでした。

わずか一年の工期で竣工したものの、そのときすでに徳川幕府は倒れ、国の舵取りは旧薩長を中心とする新政府に、江戸は東京と名を変え、元号は慶応から明治に変わります。宿泊施設としてだけでなく交易所としての役割も期待されながら、外国船が寄港できる港は依然横浜にしかなかったため、貿易の拠点は築地には移らず、隣接する居留地が賑わうこともついになかったといいます。客室数一〇二という規模に反して、宿泊したイギリス人には**みすぼらしいホテル、ホテルとは名ばかりのところ**[※1]などと評され、ただの一度も期待された盛況を迎えられぬまま、銀座煉瓦街を生む契機となった一八七二年四月の大火で跡形もなく焼失し、姿を消しました。

設計と施工に当たった人物として、アメリカ人技師ブリッジェンスと、後の清水建設につながる宮大工棟梁二代目清水喜助（しみずきすけ）の名が挙がっていますが、設計図面などの資料はすべて失われているため、在りし日の姿は幾枚かの外観写真と、錦絵から推測するしかありません。

錦絵にはホテル内部の一階二階の間取り図が描かれ、それをもとに推定復元した平面図も制作されています。[※2] ですがいま改めてその平面図を見ると、奇妙な謎に突き当たります。そのひとつは、ホテルに必須のレセプション・カウンターが見当たらないこと。もうひとつは、これもホテルには通常付きものの、ダイニングルームが存在しないことです。平面図になぜそれがないかといえば、理由は簡単で、根拠としている錦絵の間取り図にそれらしいものが描かれていないからです。

通常ホテルのレセプションは、正面玄関から近く、ロビーや二階への階段といった動線の要となる場所に置かれます。築地ホテル館のよく知られた写真は海側から撮影されたものですが、敷地を囲む塀に開かれた門はそれとは反対の陸側にあったことが分かっています。けれど錦絵の間取り図を見ると、陸側の中央に張り出した部分も、一階二階ともヴェランダに囲まれた客室になっていて、玄関とは見えません。

それに対して海側中央部には、両開き扉と正対する位置に二階への大階段が描かれていて、たとえばその階段の左右にレセプションとクロークを配置すれば、ホテルの定型に適い(かな)ます。ブリッジェンスによる基本設計は海側を正面入口とするものだったが、正式開業の前、建て主が徳川幕府から明治政府に代わるという大変動の間に、なんらかの理由で陸からのアプローチへ変更されたのではないか、という推測もなされています。[※3]

その当否はともかくとして、わずか数年とはいえ、ホテルとして営業されていたのは事実なのですから、レセプションが存在していなかったとは思われません。陸側に設けられたアーチ型の門を、乗合馬車がくぐる写真が残されています。[※4] しかし門を入った後、旅客はどこからホテル内に案内されたのでしょう。

それ以上に問題なのはダイニングルームと厨房の位置です。フランス人シェフのルイ・ベギューが料理長として就任していて、この時期日本に滞在した欧米人にも、評価に値する西欧料理が饗(きょう)されていたというのですから、[※4] どんな料理が出たかは分かりませんが、厨房設備が存在しないはずはないのです。

日本駐在のイギリス人外交官、アーネスト・サトウの回想記には、築地ホテル館を指す「ホテル」ということばが九回出てきます。[※5] 食事を取り寄せたり、茶を飲みに行ったり、彼が長期休暇を得て日本を去るときの送別会もホテルで開かれています。食事のデリバリーの他、会食やパーティに利用されている以上、ホテルにはメインダイニングの他にも、いまでいうロビーやサロンといった、客室以外のパブリックな場も設けられていたのではないでしょうか。

横浜で一八七〇年から七五年に刊行されていた挿絵入り雑誌〈ザ・ファー・イースト〉は、**すてきな撞球台を二台据えつけた豪奢な大ビリヤード室**や、**宿泊客全体の談話室**に言及していたそうです。[※1] また七、八歳の頃に築地ホテル館を見物に行った日本人が後年記したエッセイにも、**入り口の右手が玉突室で、二台の玉台が備付けてあった事**という記述があります。[※3] しかし錦絵の間取り図にはビリヤード室も、談話室らしいものもまったく描かれていないのです。客室以外の大空間は一階二階とも、中央部に「**廣間**」と書かれた部屋があるだけですから、ここの一階をメインダイニングと考えたら、厨房はどこに置くのが機能的でしょう。

錦絵の間取り図にはホテルにあったものすべてが、忠実に書きこまれているわけではないと考え、思い切って本館内陸側の一角を客室から大規模な厨房に変えたらどうだろうと考えてみました。ここからなら客室の前を通ることなく、一階のダイニングにアクセスできます。二階の「**廣間**」はボールルーム、舞踏場と見ました。ダイニングルームを二階にしなかったのは、使用人が利用するだろうサービス用の階段が描かれていなかったためです。

ところがなんと、陸側にある門の手前、鍵型をした平屋の附属屋のひとつが厨房として使われていたらしい錦絵が見つかってしまいました。外壁には煙突もあります。ガーン、仮説崩壊。

この時代、ロンドン市中の住宅では厨房は地下に置かれるのが普通でしたが、幕末の長崎に建てられた、たとえばグラバー邸※6などでは、厨房は主屋の裏手に別棟として作られ、料理は渡り廊下を通って食堂まで運ばれました。どちらの場合も調理に伴う臭気や騒音を嫌い、また火事の危険を考えて、居住空間との切り離しを図ったためです。引き続き「**廣間**」がダイニングだと考えても、この附属屋からの距離は比較的近く、屋外の通路もないところを通って料理を運ぶ不便さはありますが、使えないことはなさそうです。

ただその場合、ホテルの陸側の前庭は、完全に使用人が働くサービス・ヤードということになり、ホテル客の通り道にふさわしいとはいえなくなります。現代のホテルでも従業員の働く区画と客が出入りする区画は峻別(しゅんべつ)されていますが、十九世紀欧米の価値観を思えばそれはいっそう鮮明なものだったはずです。

というわけで、錦絵に描かれたように、厨房の位置が陸側の附属屋だったとすればなおさら、玄関とレセプションの位置が気になります。厨房の煙突が吐き出す調理用ストーブの煙や料理の匂いに迎えられ、料理人や給仕の行き交いを縫ってホテルに向かわないためには、どうすればよいのでしょう。

歴史家は好き勝手に資料から離れるわけにいきませんが、小説家は歴史についても建築についても素人ですから、推理というよりは想像を、たくましくすることはできます。そこで思い切って、馬車で陸側から門を入った来訪者は、サービス部門で働く使用人たちの前で下車することなく、そのまま敷地の端をぐるりと回りこんで、海側まで出てから車を降り、そちらの両開き扉からホテルに入ったと考えます。ホテルのサイドにそんな車道を設ける余裕があったかは、少々疑問ではあるのですが、想像ということでお許し願います。

庭側正面のテラスには観音開きの大扉がありますが、なぜかテラスの段差を上がるための階段は描かれていない場合が多いので、旅客は側面の入口から廊下を進んだかも知れません。しかし間取り的に見れば、やはり大階段のあるホールこそホテルのメインの顔です。日本建築では陰に目立たぬように置かれる階段が、西洋建築では堂々たる威厳と美を体現する見せ場となります。この大階段が存在する以上、アプローチはこちらにしかあり得ない、と素人の気楽さで断言してしまいます。

階段ホールを挟むように、レセプション・カウンターとクロークのカウンターがあり、それと並んで事務室や支配人室があったのだろうと想像します。人の出入りのある一階の玄関廻りは、客室にするには少し落ち着かないでしょうから、こうした用途に当てます。

クロークの隣、**「入り口の右手」**、つまり海側正面玄関を入って右手の一室がビリヤード室です。ビリヤードは台を厳密に水平に保つことが必要なので、二階以上に作ることはほとんどありません。そしてビリヤード室は紳士たちが玉突きの技を競いながら煙草や酒を楽しむ、女性は抜きの社交場でもありましたから、外来者にとっても利用しやすい位置にあるべきでしょう。

大階段を上がった二階の、海に面した空間には塔屋へ繋がる螺旋階段があり、三階にもかなり広い部屋があります。四方を見下ろせる塔のいただきはさらにその上です。外観写真では三階部分のなまこ壁に四角の窓が並んでいますから、ここを江戸湊の景色を眺めながらお茶を飲めるサロンとしましょう。

この時代は西に遠く、富士山を見ることもできました。**雪に覆われ、海岸線から優雅な曲線を描いて、天に向かって比類なく美しい円錐形をなしてそびえ立っている富士の姿**と、アーネスト・サトウと同時期に日本にいた外交官A・B・ミットフォードは書いています。[※7]

アーネスト・サトウもまたホテル館の庭園の植木や江戸湾を見渡す眺めを賞賛していますが、同時に**庭に腰を据えたが、建物がきたないので、憂鬱になった**（一八六九年十一月二十五日）などとも書いています。景色と食事は誉められても、建物の維持管理は行き届いているとはいえなかったようです。[※5]

※1 『維新の港の英人たち』ヒュー・コータッツィ　中須賀哲朗訳　中央公論社　1988

※2 『明治初期の洋風建築』堀越三郎　丸善　1929

※3 『日本ホテル館物語』長谷川堯　プレジデント社　1994

※4 『「築地ホテル館」物語』永宮和　原書房　2021

※5 『一外交官の見た明治維新』アーネスト・サトウ　坂田精一訳　岩波文庫　岩波書店　1960

※6 一八六三年建築の、主屋はヴェランダ・コロニアル建築。長崎に現存。

※7 『英国外交官の見た幕末維新 リーズデイル卿回想録』A・B・ミットフォード　長岡祥三訳　講談社学術文庫　講談社　1998

設計者

二代目 清水喜助
Shimizu Kisuke
(1815-1881)

幕末、江戸の大工棟梁清水喜助の徒弟となり二代目を襲名。築地ホテル館の他、和洋折衷の海運橋三井組ハウス（第一国立銀行）の建設者として知られる。清水組は戦後清水建設株式会社となった。

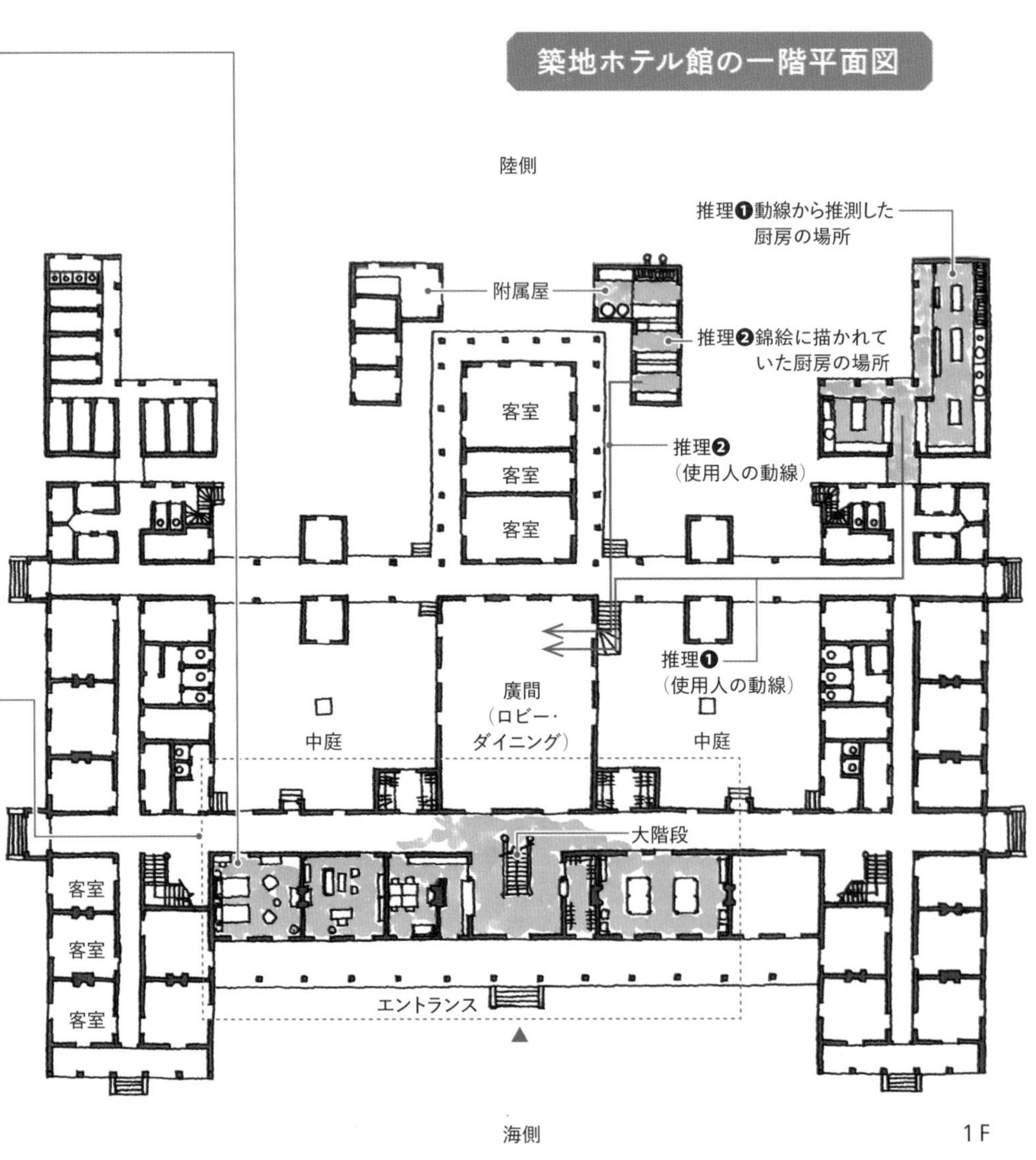
築地ホテル館の一階平面図
陸側
推理❶動線から推測した
厨房の場所
附属屋
推理❷錦絵に描かれて
いた厨房の場所
客室
客室
客室
推理❷
（使用人の動線）
推理❶
（使用人の動線）
廣間
（ロビー・
ダイニング）
中庭
中庭
大階段
客室
客室
客室
エントランス
海側
1F

客室の詳細

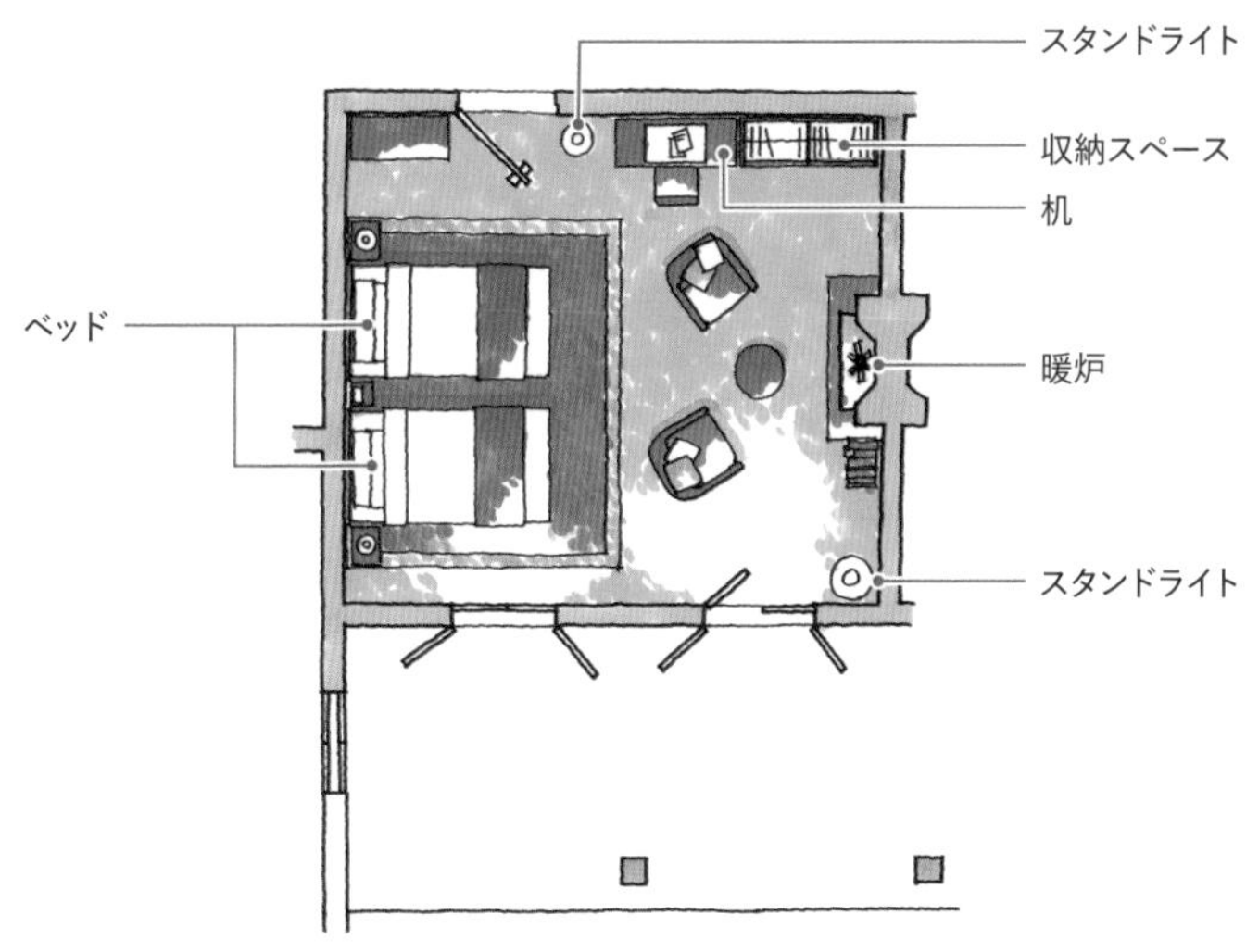

レセプション周りの拡大

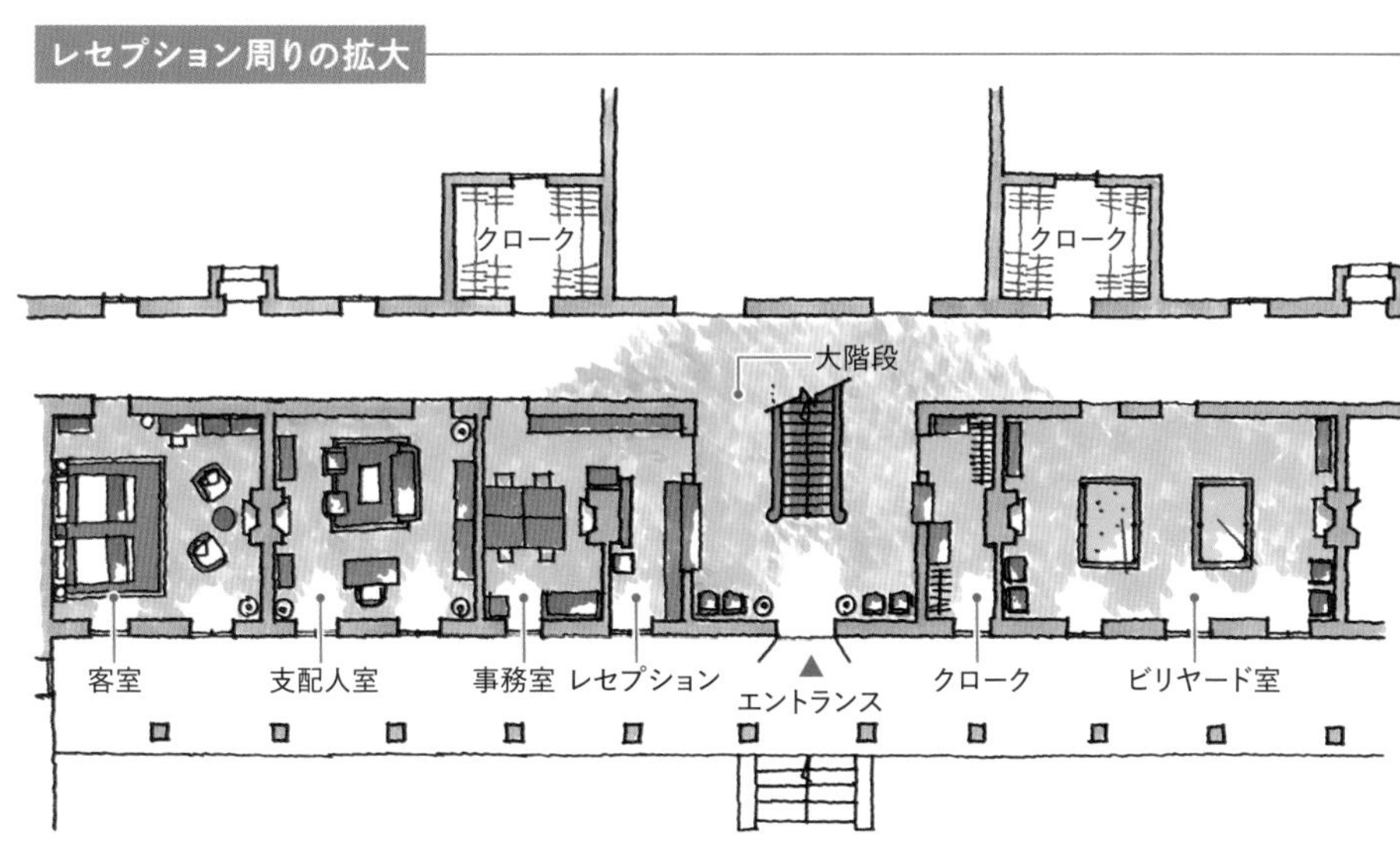

築地ホテル館の二階平面図

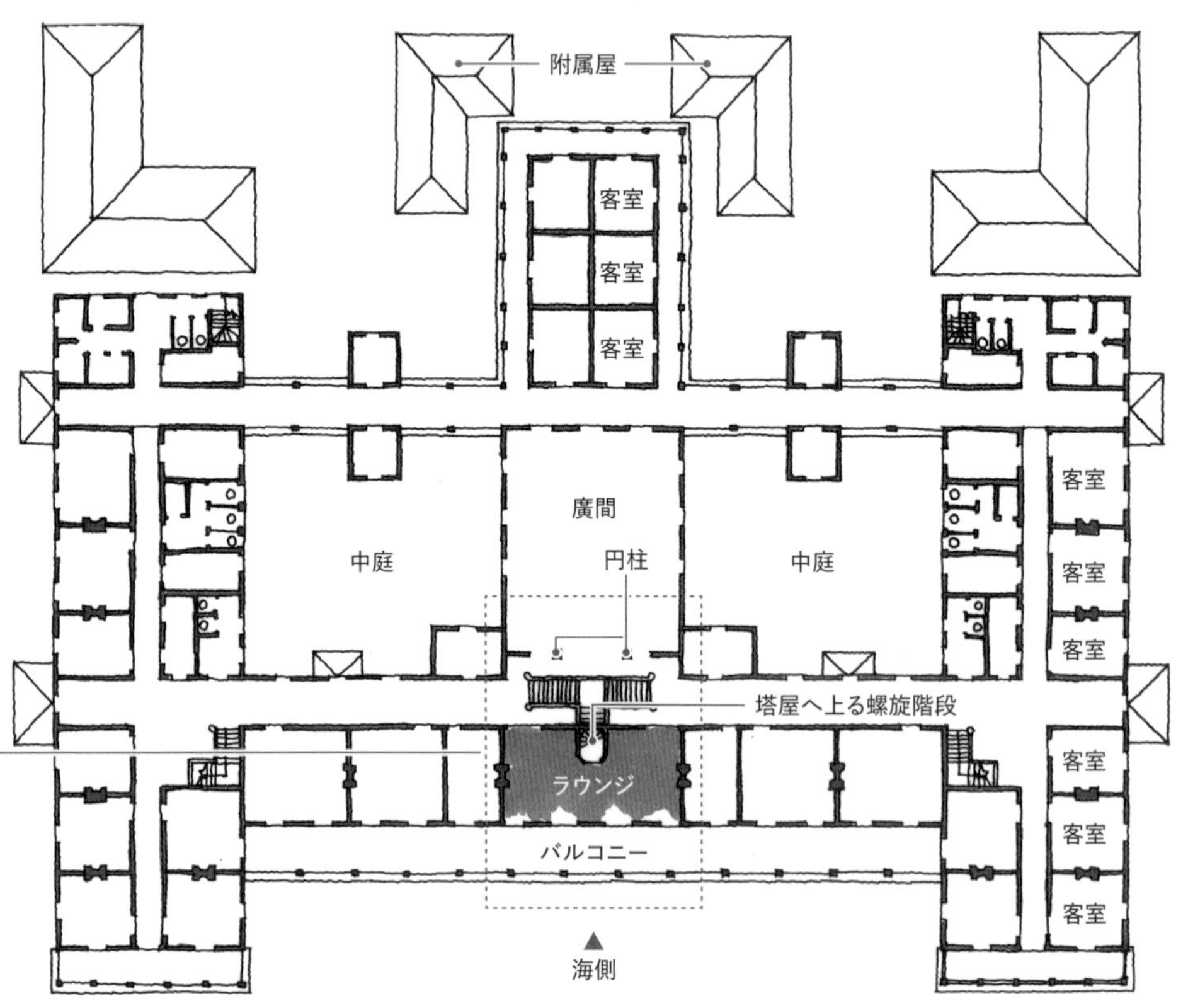

2F

螺旋階段部分の拡大図

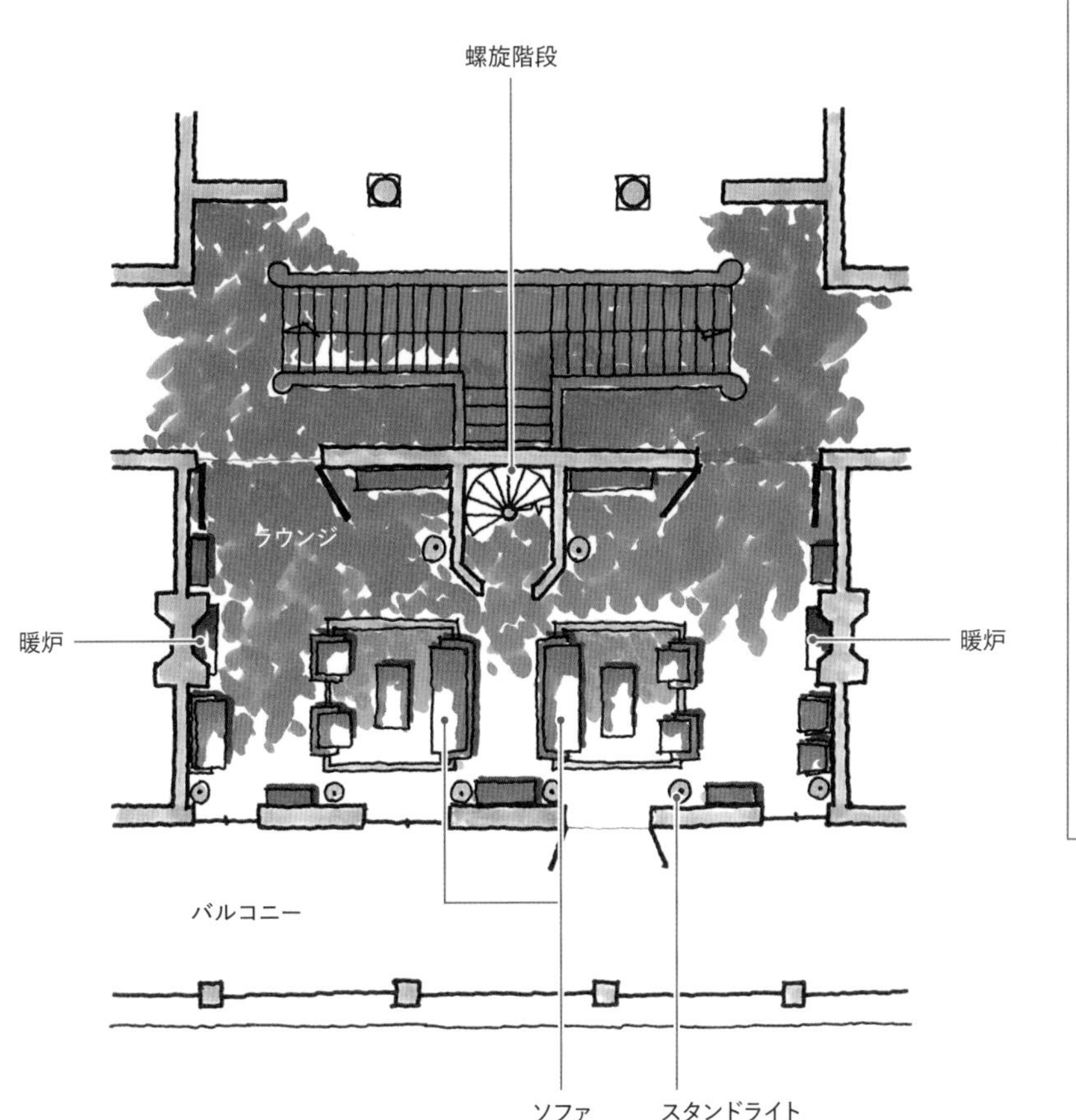

Mysterious Architecture

Case. 02

鹿鳴館は若きコンドルの失敗作だったのか

敢えて定説に異を唱える試み

【 鹿鳴館 】

1883年、現在の帝国ホテルに隣接する土地に建設された迎賓館。外観はフランス風を加味したネオルネッサンス。鹿鳴館の舞踏会は皮相な欧化政策として世の批判を浴び、外務卿井上馨の失脚後、歴史の表舞台から姿を消したが、ダンス、音楽、料理など、ここを舞台に日本人が初めて接した西洋文化は多い。

鹿鳴館は不思議な建物です。ここでも築地ホテル館同様、その名が広く知られているにもかかわらず設計図は失われ、それだけでなく設計者ジョサイア・コンドルも、辰野金吾、曽禰達蔵ら直接彼の指導を受けた弟子たちも、これに触れた公式の発言が一切ありません。鹿鳴館時代、などということばも生まれ、近代日本史に果たした役割は少なくないと思われるにもかかわらずです。

コンドルはいわゆるお雇い外国人。一八七七年、二十五歳の若さで日本政府との契約により来日、以後一九二〇年に亡くなるまで、教育者として、また建築家として、全キャリアを日本で全うした人物です。[※1] 死の直前、日本建築学会は彼の長きにわたる建築界への功労を表彰しました。

〈建築雑誌〉四〇二号には「**コンドル博士の経歴**」「**コンドル博士の作物**」「**コンドル博士表彰式**」や、名誉員濱尾新男爵の祝賀スピーチ、コンドルの答辞、さらにコンドルが設計した建築の写真と図面が、四十ページを超えるボリュームで掲載されていますが、ここにも鹿鳴館は出て来ません。わずかに「**コンドル博士作物一覧表**」の中の、「**倶楽部及會館**」の項に「**華族會館**」とあるのがそれです。この時期、鹿鳴館はすでに華族の親睦団体に払い下げられて、名称も華族會館と変わっていたので、記述に間違いがあるわけではありませんが、その黙殺に等しい処遇が鹿鳴館に対する当時の日本建築界の評価である、と考えないわけにはいきません。

鹿鳴館に対する同時代の感想というのも、郵便報知新聞の**真に是れ不夜の仙境なるべし**[※2]といった月並みな賛美程度ですから、一八八五年に日本を訪れたフランス人海軍士官にして文人、筆名ピエール・ロチの「江戸の舞踏会」中の寸評が関係書籍に繰り返し引用されるのも、無理はない気がします。

われわれの眼前には《鹿鳴館》がまばゆいばかりに立っていて、軒蛇腹(コーニス)ごとにガス灯がともり、それぞれの窓からは明かりが洩れて、透明な館(やかた)さながらに光を放っていた。さてしかし、この《鹿鳴館》はいただけない。欧風の建築で、真新しく真っ白で出来たてなので、やれやれ、まるでわれわれのところのどこか温泉町のカジノのようだ。実際、どこにいるといっても信じられるが、エドだけは別である。[※3]

鹿鳴館は時の外務卿井上馨(いのうえかおる)の発案により、徳川幕府から引き継いだ不平等条約改正のため、明治日本の開明振りを示すショウウインドーとして企画されました。しかしその意図の切実さは疑いようがなくとも、わずか十数年前、攘夷を叫んで刀を振り回していた志士たちが、慣れぬ燕尾服に身を包み、着物をドレスに着替えた夫人たちと危ういステップを踏む西洋式の舞踏会が、外国人の目には滑稽な猿真似と映ったのはむしろ当然だったでしょう。

鹿鳴館時代について書かれた本を開くと、井上がコンドルの設計図にあれこれ不満を述べて変更させた、といった記述が見かけられますが、これを示す直接的な証拠はないようです。結果的に井上による条約改正交渉は失敗し、鹿鳴館はやがては総理大臣伊藤博文（いとうひろぶみ）のレイプ疑惑や文部大臣森有礼（もりありのり）の妻の不貞事件と結びつけられ、醜聞渦巻く淫蕩（いんとう）の館と貶められて、歴史の表舞台から消えていきます。ロチの痛烈な皮肉に加えて、そうした負のイメージが鹿鳴館を、歳若く未だ経験に乏しい青年建築家の、無惨な失敗作と断ずる定説に影響しているようです。

けれど、ちょっと待って下さい。鹿鳴館はそんなにもひどい、コンドルの経歴から消し去らねばならないほどの汚点なのでしょうか。残された写真や間取り図を見直して、在りし日の鹿鳴館の姿を詳しく検討してみましょう。

コの字形左右対称の平面の、中央正面に車寄せが張り出し、玄関ホールには三つ折れの大階段、二階に舞踏室の広間、と構成は大変シンプルです。ファサードでは半円アーチの並ぶヴェランダが一階二階に重なり、軒下には渦巻き装飾の持ち送り（ブラケット）がずらり。玄関上には櫛形ペディメントに、どこか日本髪の髷（まげ）風のマンサード屋根。意匠が賑やかすぎて、全体にちまちまこせこせした感じが、洗練とは逆の田舎っぽい垢抜けなさと見え、その点が**温泉町のカジノ**を連想させるといえなくもありません。

確かにコンドルのこの時点での建築作品、一八七九年の訓盲院（くんもういん）や一八八一年の開拓使物産（かいたくしぶっさん）売捌所（うりさばきしょ）は、後年の作品と較べてデザインの面から見ると拙（つたな）い、ぎこちないという印象が残ります。鹿鳴館でもその拙さは解消されていない、といわれても仕方が無いところもあります。

ただ主観的な印象が伴う巧拙の問題は置いて、鹿鳴館の意匠を虚心に眺めたとき、二階ヴェランダの手摺の上に載って半円アーチを支えている円柱の形は、やはり気になります。大きく開いた葉のような柱頭に、上が細く下でぼってりと膨らんだ花瓶風の柱は他に類例がありません。現代の研究者が鹿鳴館を語る書物の中で、この柱を表現したことばが「椰子の葉」「コリント式」「スパニッシュ風」「イスラム風」「徳利形の柱身」などとあれこれ違っているのも、これを指し示す既存の建築用語がないからです。けなしていいえ

鹿鳴館の2階ヴェランダ

ば珍奇、誉めていうなら独創的なのです。

鹿鳴館の二年前に竣工した上野博物館については、先に述べた日本建築学会の表彰のとき、濱尾男爵がこれを誉め称え、コンドルもそれに答える形で語っています。〈建築雑誌〉四〇二号にはスピーチの英文と日本語訳が掲載されていますが、文語体の訳文は非常に意味がわかりにくいので、英文を参照しながら、大意を意訳引用します。太字は訳文のままです。

自分は**日本芸術の美に対する熱心な賛美者**であり、日本の建築様式について研究してきたが、その装飾外見は木造建築にふさわしいものであり、煉瓦造や石造の建築に**東洋的性質**を与えるには、インド風かサラセン風の意匠が必要だと考えるに至った。**極東美術の宝庫たる博物館**に、この試みは不似合いなものとはならなかっただろう。自分が**シュード、サラセニック**（擬サラセン式）の建築を日本に紹介する動機を、世の人が理解してくれたかどうかはわからないが。[※5]

上野博物館の正面左右の塔上に載せたドームは、北インドのムガール朝や西のラジャスタンで見られる小亭（チャトリ）の形で、ヴェランダに並ぶ上すぼみの柱の形も、西インドの建築に見られます。つまりこちらでは、柱の上に乗る花弁状アーチのディテールを含めて、インドのそれをきっちりと模倣引用しています。

ですが鹿鳴館のヴェランダ柱はそれとも違っていて、共通点は上部が下部に較べてやや細いというだけです。鹿鳴館の柱は上すぼみ下膨らみをより強調して壺型にし、柱頭は蓮の蕾風の上野博物館に対して、葉状のものがはっきり開いています。引用元としてのインド建築の意匠は承知の上で、コンドルは鹿鳴館の二階ヴェランダには意識的に、それとは似て非なる形を用いたわけです。pseudo-Saracenic、擬サラセン式という聴き慣れぬ用語は、もしやこれを指しているのではないでしょうか。

ここでもう一度、鹿鳴館を**温泉町のカジノ**と寸評したピエール・ロチに立ち返ってみます。彼は海軍士官の任務を続けながら、トルコ人女性との交情を描いた『アジャデ』をはじめ、当時流行の異国趣味（エグゾティスム）の時流に乗って人気を博した十九世紀の文筆家です。最年少でアカデミー会員に選ばれ、晩年レジオン・ドヌール勲章を受勲、死しては国葬が営まれたほどの大作家でしたが、第二次世界大戦後には植民地支配下の国々を、現実に目をつぶって美化したとして否定され、二流呼ばわりされるに至りました。

ただ近年では再評価の動きも出てきたとのことで、

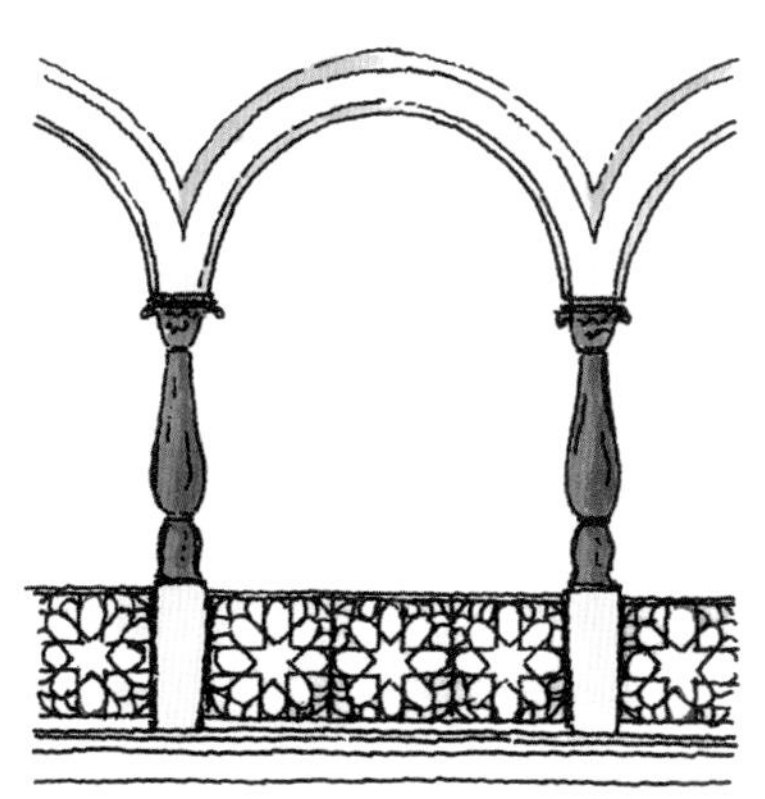

鹿鳴館のヴェランダの柱

上野博物館のヴェランダの柱

先に引用した『日本秋景』を通読すると、実に楽しそうに日本の庶民の中に分け入り、京都では西本願寺に北野天満宮、日光では東照宮に輪王寺、東京では浅草寺に吉原と、好奇心に目を輝かせながら見物に回っています。奇妙さ、理解できなさに目を丸くしても、呆れても、閉口しても、彼は西欧文化の物差しでそれを否定しません。ただ自分の美意識の赴くままに、目に入るものを楽しみ記録しています。そこがロチの文章の面白さです。

彼は刻々進行する西欧化によって失われる日本古来の美を惜しむ立場でしたから、開化の広告塔である鹿鳴館を肯定するはずがありません。愛した女性と暮らすために一時は海軍を去ってトルコ定住を考えたほどで、後年フランスの生家に「トルコの間」「モスクの間」を作り、滞在中に買い集めた調度を展示し、恋人の墓石まで持ち帰って終生献灯を絶やさなかったそうです。

京都への旅でも、神戸停泊中の軍艦まで帰るときは二台目の人力車が買ったもので埋まり、さらに等身大の仏像に一目惚れして買い足し、列車に積みこもうとして駅員に苦情をいわれる始末。つまり彼はあくまで本物重視で、西欧建築に東洋的意匠を混ぜたり、自己流のアレンジをしたものは、当時フランスでも流行していた「トルコ風浴場」めいた、ちゃちな紛(まが)いものとしか見えなかったのではないでしょうか。**温泉町のカジノ**なる寸評は、日本の西欧化を推し進め、その本来の美を圧殺することに力を貸すイギリス人建築家への痛烈な嫌みの一言であり、安易な折衷を否定するエグゾティスムの徒の美意識の発露でもありました。

しかしコンドルの師であったヴィクトリア朝の大建築家ウィリアム・バージェスは、かねてから日本美術に強い興味を持っていました。コンドルが日本行きの決断を下したのも、師からの感化ゆえではなかったかと考えるのは無理がなく、そして彼はキャリアの当初から「日本にふさわしい西洋建築の意匠はいかにあるべきか」という問いに意識的でした。耐火耐震のためには、木造を止めて石造煉瓦造を選ぶ必要がある。だがゴシックやルネサンスをそのまま持ちこむのは、この国の東洋的な文化にそぐわない。コンドルの思索の結果が様式の折衷という答えに行き着き、いくつかの試みがなされ、しかし必ずしも満足のいく成果を残せなかったことは、コンドル自身承知していたようです。

前に引用したスピーチをもう一度ご覧下さい。コンドルは上野博物館で用いたスタイルについて語ったその後に続けて、「日本に擬サラセン様式の建築を紹介した私の動機を正しく理解してくれた人がいたかはわからない」と述べています。従ってそのまま素直に取れば、擬サラセン様式とは上野博物館のことだといっているように聞こえます。

しかし建築事典を引いても擬サラセン式ということばはなく、サラセン建築はイスラム建築と同意味とされています。[※4] そして上野博物館の装飾モチーフは、明らかにインド・ムガール建築のそれで、一般的なイスラム建築の特徴とは一致せず、擬サラセン式ということばはさらに当たらないと思われます。

I do not krow whether or not some other person has ever proerly understood my motive in introducing a pseud-Saracenic style of architecture into Japan.

余が「シュード、サラセニック」式の建築を日本に紹介するに至れる如上の動機に関して世人の多くが果たしてよく適当の理解を有せしや否やは遂に余の知る所に非ず。※5

ここに彼の無念の思いを聞き取るのは、これも歴史研究者ならぬ小説家の勝手な想像力でしょう。しかしこれは学術論文ではない、素人のエッセイですから、このスピーチのくだりを思い切って深読み、意訳してしまいます。

『鹿鳴館にかけた自分の若き日のチャレンジを、意匠が拙いとそしられるならそれは仕方がない。しかし、そこに籠めた思いまでは否定してもらいたくない。理解されていないということはわかっているし、いまさら言い訳もするつもりはないが』

明治政府との契約が切れた後も、ジョサイア・コンドルは日本に留まり、日本の建築家として生涯を閉じました。表彰の二月後、一九二〇年六月二十一日に没し、いまは東京文京区護国寺の墓地に、日本人の夫人と共に眠っています。

※1 『鹿鳴館の建築家ジョサイア・コンドル展図録』鈴木博之他監修　財団法人東日本鉄道文化財団　1997

※2 『鹿鳴館を創った男　お雇い建築家ジョサイア・コンドルの生涯』畠山けんじ　河出書房新社　1998

※3 『日本秋景　ピエール・ロチの日本印象記』ピエール・ロチ　市川裕見子訳　中央公論新社　2020

※4 『世界建築事典』ニコラウス・ペヴスナー他　鈴木博之監訳　鹿島出版会　1984

※5 〈建築雑誌〉四〇二号　日本建築学会　1920

設計者

ジョサイア・コンドル
Josiah Conder
(1852-1920)

明治政府が高額の報酬を持って招請した「お雇い外国人」中でも、教育者として辰野金吾をはじめとする人材を育成し、後年は民間人建築家として設計事務所を開いて活動した彼は、日本画、生け花、日本庭園などの研究者としても知られている。

鹿鳴館の平面図

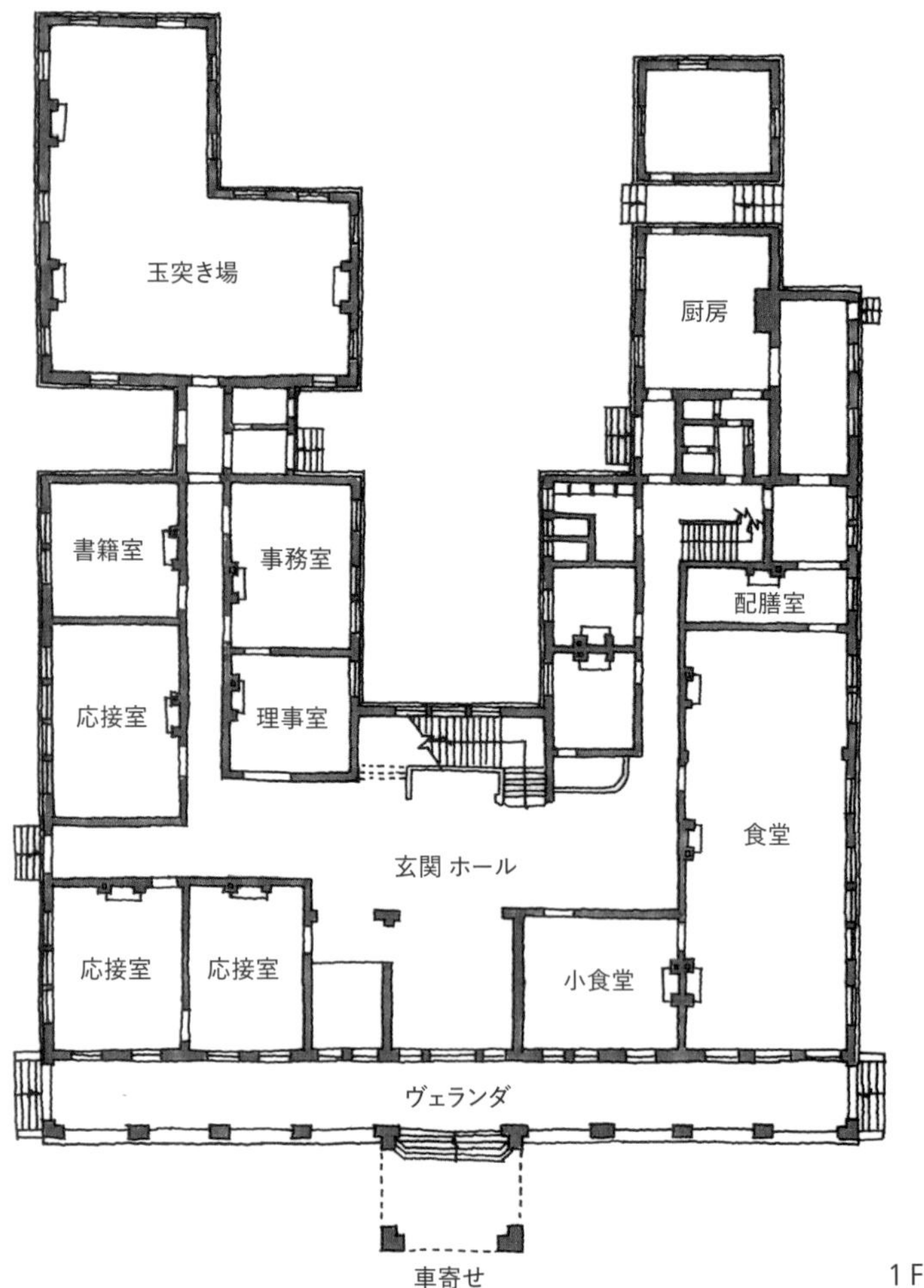

2F

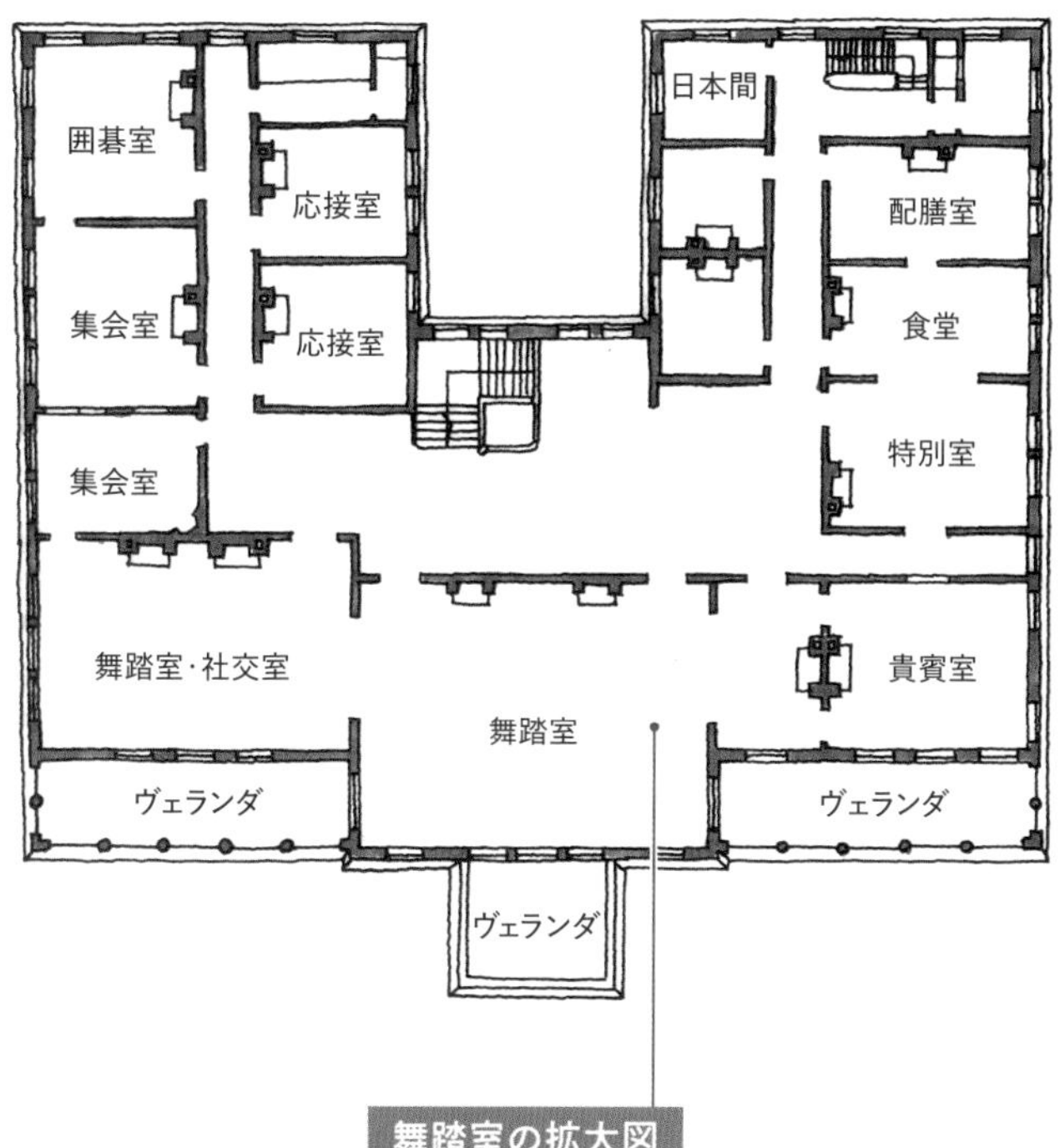

囲碁室
応接室
集会室
応接室
集会室
日本間
配膳室
食堂
特別室
舞踏室・社交室
舞踏室
貴賓室
ヴェランダ
ヴェランダ
ヴェランダ

舞踏室の拡大図

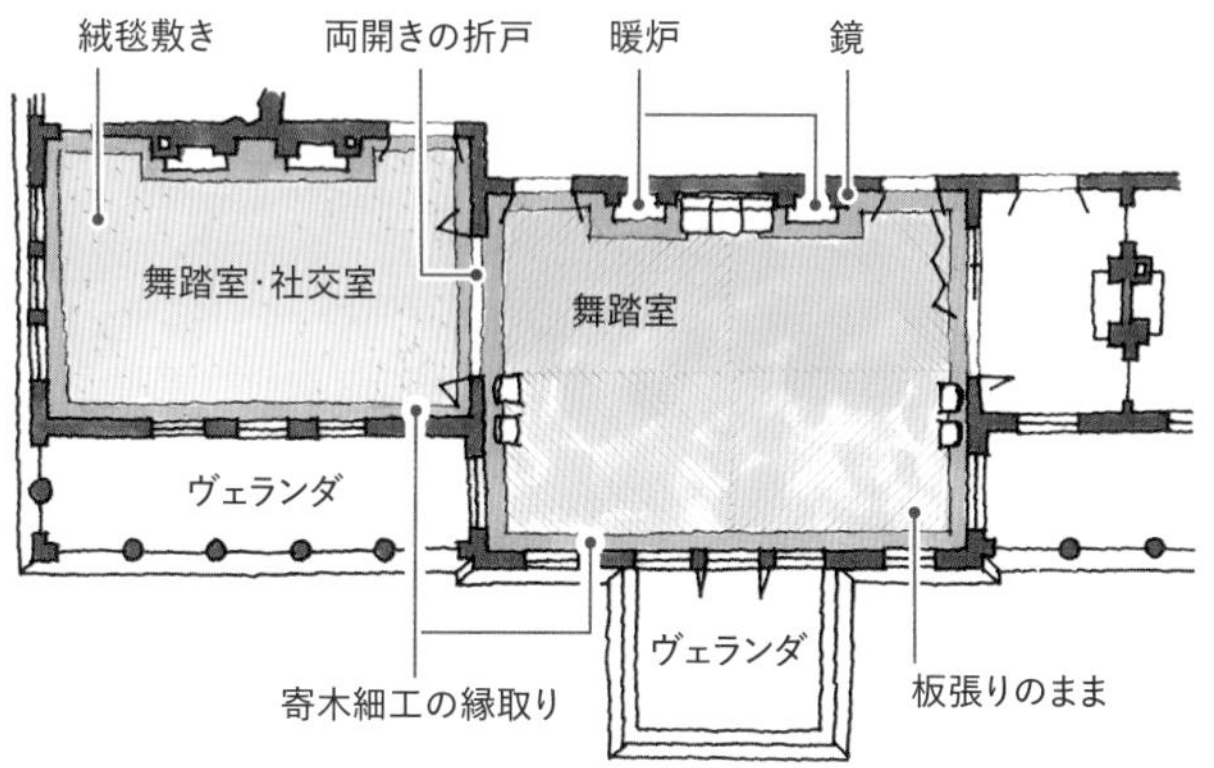

絨毯敷き
両開きの折戸
暖炉
鏡
舞踏室・社交室
舞踏室
ヴェランダ
ヴェランダ
寄木細工の縁取り
板張りのまま

Mysterious Architecture

Case. 03

明治の三国（みくに）から山形へ、ひとすじの糸はつながったか

オランダ人技師エッシェルと土木県令

【 龍翔（りゅうしょう）小学校 】

1879年福井県三国湊に竣工した小学校。老朽化のため35年で解体されたが、1981年、その外見を写し、郷土資料館として鉄筋コンクリートで再建された。

【 旧済生館本館 】

1878年山形市に建設された県立病院。1階平面は十四角形ドーナツ形という特異な形状を持つ。現在は市内霞城公園内に移築保存されている。

ジョサイア・コンドルに続いて、明治政府に招請されていろいろな分野で日本の開化に寄与した、いわゆるお雇い外国人の紹介から始めます。オランダ人土木技師、名をオランダ語読みにして、ヘオルフ・アルノルト・エッシェル。[※1] 一八七三年から七八年までの五年間、主として関西で河川改修のための調査に従事しました。土木技師としては、彼と同時に来日して三十年以上日本で仕事をした同じくオランダ人、ヨハネス・デ・レーケが著名ですが、エッシェルは「奇想の版画家」（英語読みで）モーリス・コルネリス・エッシャーの父親として記憶されています。

そして彼が「坂井港近傍九頭竜川改修計画」を立てた福井県三国町には、その調査のために訪れたときに小学校の設計をした、という言い伝えが残っています。一八七九年に落成した龍翔（りゅうしょう）小学校がそれです。現物の建物は老朽化のため、一九一四年に解体されてしまったのですが、地元の人々の記憶にはあざやかに刻まれて消えていなかった証に、一九八一年に外観を再現した三国町郷土資料館、通称龍翔館が落成し、その特異な形状をいまも見ることができます。それを前にすれば、設計者を外国人と考えたくなるのも納得が行きます。

明治の日本に続々と新設された小学校は、松本市の国宝旧開智学校をはじめとして、擬洋風と呼ばれる和洋折衷の建築がほとんどで、それは現在でも山梨県や長野県の各地に保存されています。細部の意匠はさまざまながら、そのどれもが木造漆喰塗り二階建てに瓦屋根、前面にヴェランダ、中央に塔が建ちます。ところが三国の龍翔小学校は、平面は八角形で、中央部が塔状に細まる木造五階建てという、他では見られない建築物でした。こんな学校は日本中、どこにもありません。

ただ公式の記録には、エッシェルが携わった土木工事計画についての文書はあるものの、そこでは小学校設計にはまったく触れられていません。あるのは日本人が一から構想したにしては特異すぎる建築物の写真と、解体時に失われるそれを惜しみ、当時の町長が作らせたという四十三分の一模型、そして地元の伝承だけです。※2

だからここにエッシェルのアイディアが加わっていたとしても、それは彼にとって正規の仕事ではなかったのでしょう。彼は土木工学の専門家であって、建築家ではありませんでした。ですが滞在中に親しくなった日本人の中に大工棟梁がいて、簡単なスケッチを介して、新しく作られる小学校の意匠になんらかの示唆を与えた、と想像してはいけないでしょうか。

二〇一一年に私が三国を訪れたとき、この町に関する事前情報はほぼ皆無でした。金沢に行く前に三国で一泊したのですが、龍翔館を訪れて展示されている明治の龍翔小学校の写真を眺め、見事に作られた木製の模型を見、さらにその晩、宿の窓から丘の上の龍翔館を遠望していると、なにやらモヤモヤとしたものが脳内に湧いてくるのを覚えました。

既視感のようなもの。違うけど印象が重なる。特に遠目に眺めて、細部が飛んで輪郭だけが目に入るときはなおさら。それは、我ながら突拍子もない連想だと思ったのですが、現存する下見板系擬洋風建築の代表格、山形県山形市の旧済生館本館でした。

山形市郷土館で配付されている資料によると、県令三島通庸（みしまみちつね）は一八七七年七月、病院長らと東京と横浜の病院を視察して構想を練り、県の職員が平面図を作成、翌年の二月から九月、山形の宮大工らの手により県立病院兼医学校としてこれを完成させたということです。十四角形ドーナツ形平面の一階の前面に、二階十六角形、三階四角形、四階八角形という、合理的とはいいにくい形状の塔が載る旧済生館ですが、一階部分のプランは横浜イギリス海軍病院の、一部を切り欠いた輪型の平面を写したもので、ただし建物のデザインを決めたのは三島自身だったのではないか、と建築史家藤森照信（ふじもりてるのぶ）氏は推測しています。※3

これこそ日本唯一のトンデモナイ建造物で、平面も立面も龍翔小学校とは違いますが、一階が円に近い正多角形であるというのと、その上に塔が立ち上がっている点が共通しています。正多角形の平面＋塔という明治建築は他にありません。これを離れた位置からざっとスケッチしたなら、少なくとも外観の輪郭は似たようなものになる。素人の突飛な空想だと自分でも思いましたが、龍翔館で購入した『蘭人工師エッセル日本回想録』を開いたところ、驚愕の事実が分かったのです。

一八七六年五月から断続的に三国で土木技師として仕事をしたエッシェルは、その年の十二月、大阪経由で東京に移り、翌年の五月には新潟から日本海を海路北上し、六月十五日には、現在は山形県鶴岡市の湯野浜に上陸して、三島県令の出迎えを受けます。繋がりました、三国と山形が。旧済生館の発注者三島通庸が。

この山形県を回る旅の間中、この知事は、我々が負担に感じるくらい、終始、友好的な態度で我々をもてなしてくれた。彼は、元大名の宿になっていたところに、私のために立派な部屋を二つ三つと用意してくれた。大変気持ちのよい風呂もついていた。※4

三島は道路工事に民を強制徴用した土木県令、後には福島県令となって農民運動、自由民権運動の弾圧者として知られ、鬼県令と綽名（あだな）された男ですが、山形県令に就任した彼は、内務卿大久保利通（おおくぼとしみち）に県政の方針を問われ、道路整備の必要を即答したといいます。実際山形県から東京方面に向かう道路は、いまも山脈を貫く隘路（あいろ）とトンネルの連続です。江戸時代まで県外との物流は、日本海の北前船に頼るしかなく、江戸は大阪より遠かったのです。

エッシェルの山形行きも、県令からの要請によるものでした。エッシェルは三島の案内で、新開の道路や前年に開校した学校を見学し、河口改修のための調査を行って、堤防の素案を作成します。当時工事中だった栗子隧道（くりこずいどう）の現場も訪れていて、旧済生館には、ここで撮られたエッシェルと三島の写真が展示されていました。六月二十八日には前年に建設された県立山形病院を訪問していますが、旧済生館はこの病院を引き継ぐものとして、エッシェル来訪の翌年に建設されたのでした。

エッシェルには絵心があって、旅の途中水彩で風景を写生したという記述が回想記に出て

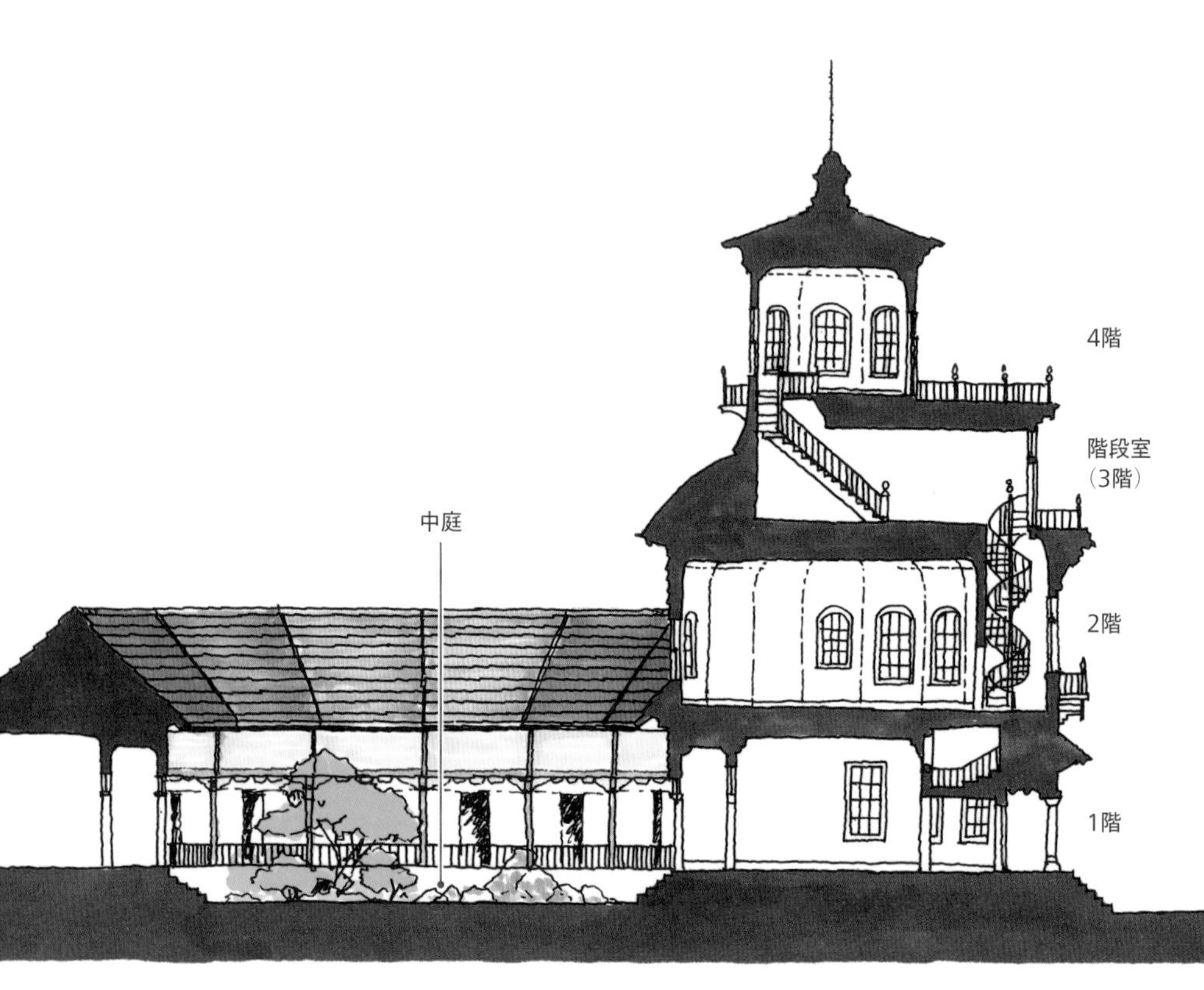

旧済生館本館の断面図

山形県立病院の済生館にはお雇い外国人の医師もいた。オーストリア・ウィーンに生まれ、ウィーン大学で医学を学んだアルブレヒト・フォン・ローレツ／Albrecht von RORETZ（1846 -1884）。1880年（明治13）に三島県令が医学寮の教頭として招き、東北の医学の発展に努めた。

きます。[※4] ことばが通じにくければなおのこと、絵がものをいいます。そして、三国でと同様のことが三島通庸との間にも起きたのではと、歴史家ならざる小説家はさらに想像をたくましくしてしまいます。

一ヵ月足らずの山形滞在中、ふたりの間にどの程度の意思の疎通があったのかは分かりません。ですが、通訳の補いにエッシェルが紙の上にペンを走らせ、三国の日本人が興味を示した建物のラフ、正多角形の上に塔が載る西洋建築を描き示したとしたら、建築好きの三島がこれに惹かれなかったらむしろ不思議です。そして走り描きの立面図であれば、その塔が一階の中央から立ち上がっているのか、前部に載っているのか、一見判断がつかないのではないでしょうか。

高くそびえる塔こそ、明治の日本人が好んだ西洋文明のシンボルでした。しかし旧済生館が手本とした横浜イギリス海軍病院は塀に囲まれた平屋で、派手やかさや記念碑性を欠いています。山形県庁前に展開する新都市の一角に、土木県令の肝煎(きもい)りとして出現するには、このままではあまりに弱い。やはり塔が要る、と三島は考えた。

ここまでは藤森先生のお説の援用ですが、三島の発想の背後にエッシェルの示唆を想像するのが小説家の、推理とはいいません、夢です。オランダ人技師の描き残したスケッチを手に三島は考えた。この絵にあるように、病院長の推奨するドーナツ形の本体の上に、塔を載せよう。県都の中心、新開の直線大通りに面し、県庁を取り囲む西洋建築の新市街の中で、その偉容が誰の目にも映るように。

ドーナツ形の前面に塔という、いくら擬洋風にしてもちょっと無理な旧済生館の姿は、エッシェルのラフを見た三島県令の誤解の産物で、それをなんとか形にしようとした山形の棟梁らの力業の成果だったのでは、という仮説をもてあそぶくらいは許していただけないでしょうか。

そのエッシェルの息子がかのエッシャー、そこにも一筋の不思議な糸が繋がっているといえば完全な妄想になってしまいますが、失われた龍翔小学校の平面図をイメージしてみると、エッシャー晩年の作品、万華鏡のように中心点から円周に向かってパターンが無限に増殖していく『円の極限』という作品が連想されるのです。

※1 明治の日本文献では「エッセル」と表記されていますが、ここではよりオランダ語の原音に近い「エッシェル」を使用します。
※2 「擬洋風建築の極・三国湊の龍翔小学校について」川島智生 〈季刊文教施設〉三七号 2010
※3 『建築探偵神出鬼没』藤森照信・増田彰久 朝日新聞社 1990
※4 『蘭人工師エッセル 日本回想録』総合監修 伊藤安男 龍翔館 1990

設計者

ヘオルフ・アルノルト・エッシェル
George Arnold Escher
(1843-1939)

主に関西方面で働いたオランダ人土木技術者。名は英語読みでジョージ・アーノルド・エッシャー。彼が設計した三国の防波堤は「エッセル堤」と呼ばれ、重要文化財に指定されている。

龍翔小学校の二階平面図（推定）

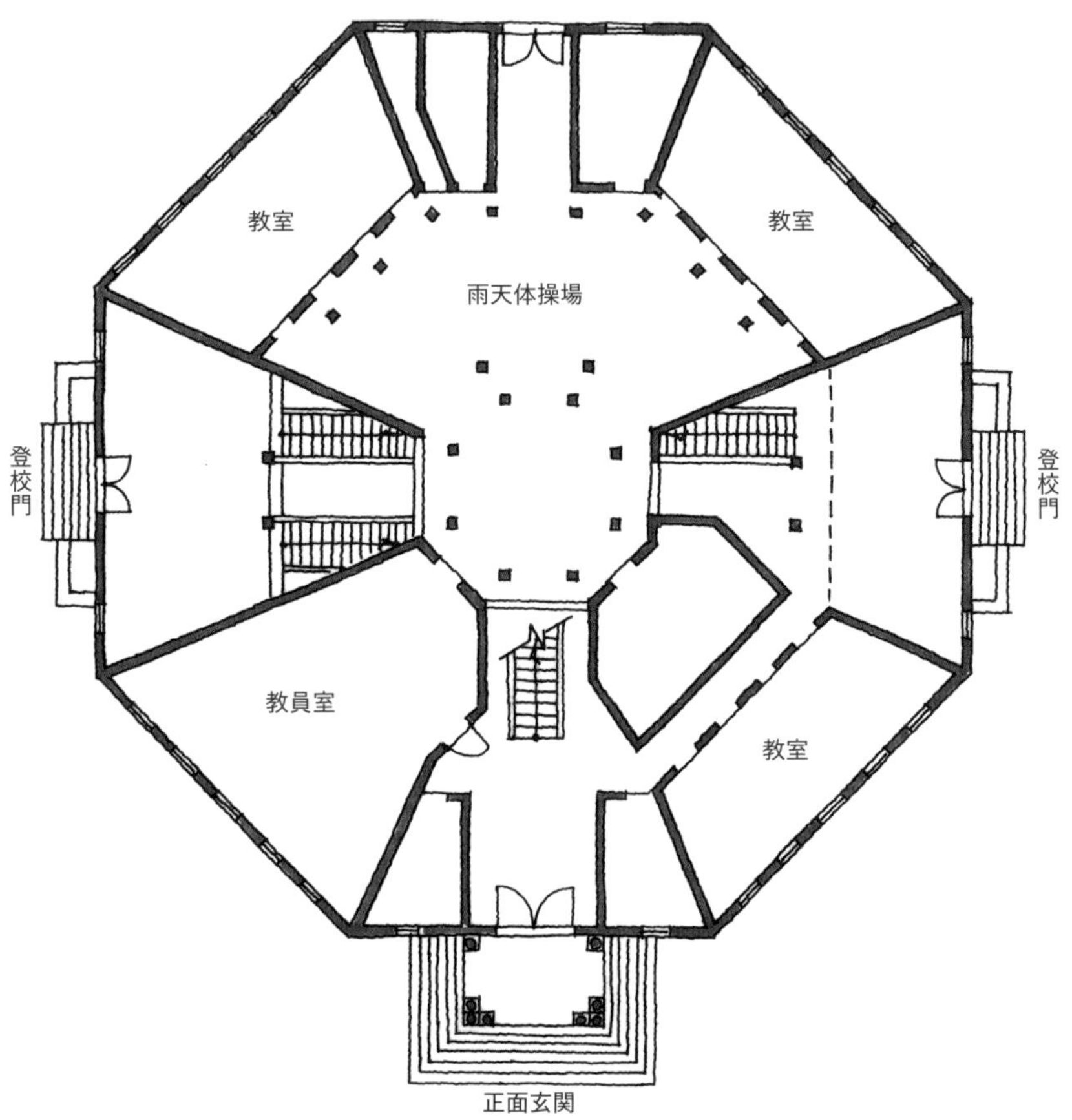

旧済生館本館の二階平面図

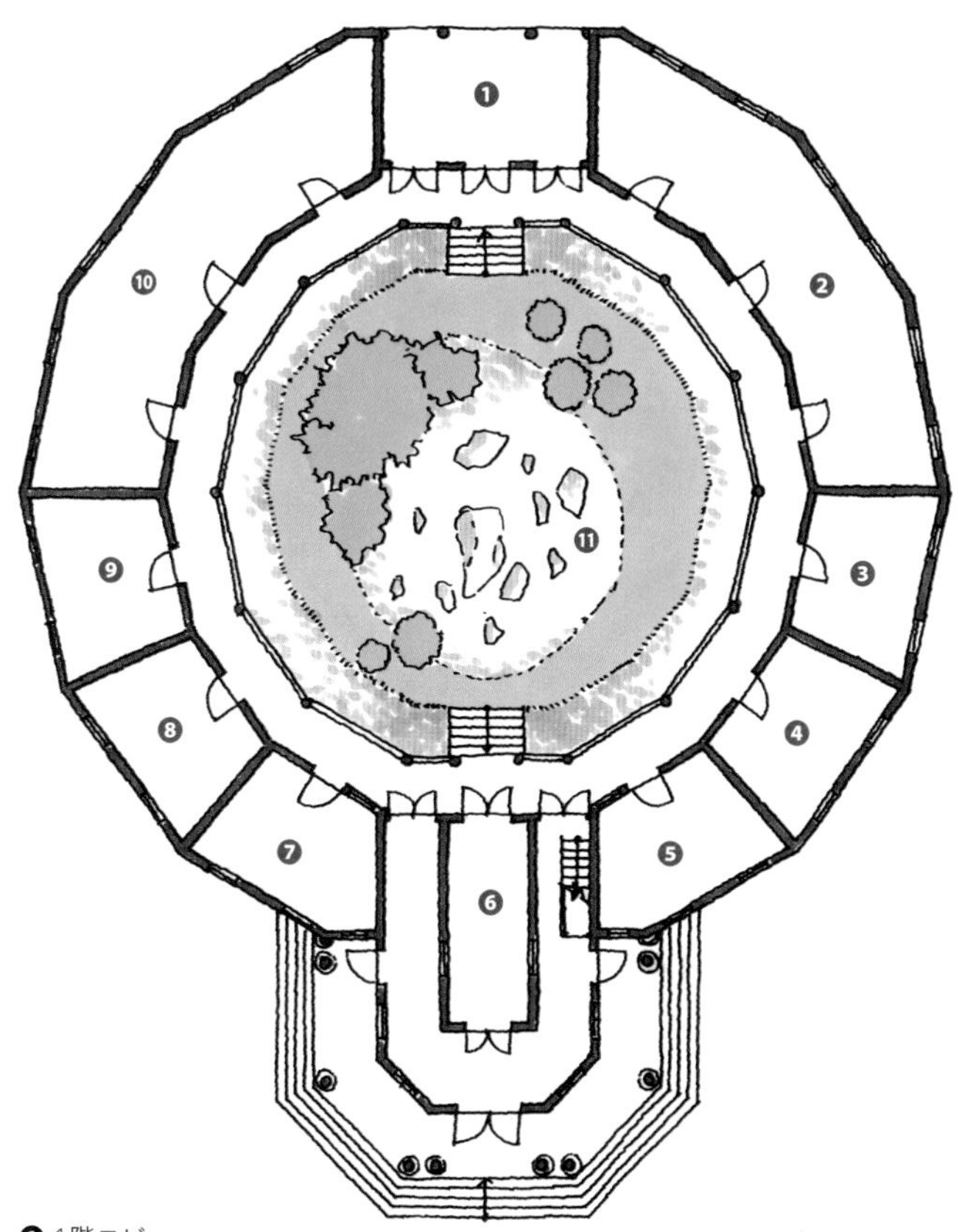

❶ 1階ロビー
❷ 第1室　郷土史･医学資料室
❸ 第2室　ローレツ先生の部屋
❹ 第3室　ローレツ先生の教え子の部屋
❺ 第4室　薬剤関係資料室
❻ 正面玄関ロビー
❼ 第5室　医学資料室
❽ 第6室　医学書コレクション室
❾ 第7室　済生館復原工事資料室
❿ 第8室　医学機器、病院資料室
⓫ 中庭

Mysterious Architecture

Case. 04

1851年ロンドン、ハイドパークに出現したものとは

百年早く生まれた大衆の時代の宮殿

【水晶宮（クリスタル・パレス）】

1851年のロンドン万国博覧会に建設された、部材のほとんどが鋳鉄とガラスから成る鉄骨構造の建物。長さ563m、幅124m。袖廊のヴォールト天井の最高部は33m。博覧会終了後の1854年、ロンドン南郊シドナムに移築されたが、1936年に焼失した。

今回は明治の日本を離れ、もっとも多くのお雇い外国人を日本へ送り出してきた国であるイギリスに舞台を移します。時も少しさかのぼる一八五一年の首都ロンドン、といえば「あれか！」と思われる方も多いことでしょう。この年の五月一日から五ヵ月半、ロンドン中心部ハイドパークで世界最初の万国博覧会、公式タイトルは万国産業製品大博覧会が開催されました。

フランスで開催された内国博覧会の成功に刺激され、より大規模な行事として企画された第一回万博は、一四一日間の会期中の入場者総数六〇九万三八九六人、単純計算で当時のイギリス全人口の四人に一人が訪れたことになるという大成功を収め、総責任者のアルバート公（ヴィクトリア女王の配偶者）の名声も大いに高められる結果となりました。※1

会場はハイド・パークのロットン・ロウに建てられたクリスタル・パレス、水晶宮。命名者は絵入り新聞〈イラストレイテッド・ロンドン・ニュース〉だそうですが、実態は知らなくとも、明るくきらきらしいイメージを喚起する実に印象的な名称です。その絵として真っ先に浮かんでくるのは、巨大な円筒状のヴォールト（アーチが連続する曲面天井）の下、そびえ立つ巨木を背景に、勢いよく水柱を上げるガラス製の大噴水でしょう。

大ざっぱにいってしまえば、長辺五百六十三メートル、短辺百二十四メートルの、非常に細長い建築物です。現在テムズ河沿いに建つ国会議事堂が全長約三百メートルといいますから、クリスタル・パレスはその倍近い長さで、さらに中央部に半円のトンネル・ヴォールトをいただいた袖廊が交差する平面は、ラテン十字をかたどるカトリック教会の、縦棒を思い切り引き延ばした形とでもいいましょうか。縦横二本の軸が交わる中心に、呼びものとなった大噴水がありました。

ところで、その大成功を知っている現代からは信じられないくらい、ロンドン万博の前評判は不人気で、計画も順調には進みませんでした。開催前年の一八五〇年が明けても会場の設計は決まらず、国会議事堂の設計者チャールズ・バリーをはじめとする建築委員会が提出したプランは世間のごうごうたる非難を浴び（いま見ても魅力的とは言い難いしろものです）、建築経費削減のため中央部の大ドームや装飾を削った改定案はさらに悪評を呼ぶ始末。このときすでに六月。開催予定まで一年を切っていたというあたり、なんとなく大阪二〇二五の、会場建設を巡るすったもんだを思い浮かべずにはいられません。

しかしそこに突如として、前代未聞の妙案が出現します。ジョセフ・パクストンは専門教育を受けた建築家ではなく、子供時代から現場で経験を積んだ造園技術者でした。第六代デヴォンシャー公爵に仕え、そのカントリー・ハウスがあるチャッツワースの地に建設した総ガラス張りの大温室で、ヴィクトリア・レギアと名付けられた珍種の鬼蓮（オニバス）を開花させて、世の注目を集めました。

その温室を巨大化し、博覧会の展示会場とするというパクストンの新案は、建築委員会のロバート・スティーヴンスンに支持され、世論の賛同も得たものの、建築界の大御所バリーには強く反対されます。この時代の流行はゴシック・リヴァイヴァルで、鉄骨は構造材としては用いられ、しかるべき装飾意匠を形づくるなら室内に見えてもよいが、外壁は石か煉瓦で覆わなければならないと考えられていました。[※2] その上ガラスの壁に、ガラスの天井とは。そんな脆弱な素材で、堅牢な建物が造れるのか？　確かにそれは建築家には考えられない、常識外れの案でした。

開催までに十分な時間が残されていたら、そして資金が潤沢であったら、パクストン案が採用されることはなかったかも知れません。工期の短縮と建設費用の節約を可能にするのは、工場で生産された規格化された部材を現場で組み立てるプレファブ工法でした。早い、安い、終了後に解体した建材の再利用が可能。こうした実質的な利点が、既存の美意識に基づく保守派の反発を押し切ったのです。

しかしもうひとつの問題は、公園内の建設予定地に立つ、三本の楡(にれ)の巨木の伐採に反対する声でした。パクストンは袖廊部分の高さ十九・五メートルの平屋根を、三十三メートルのトンネル・ヴォールトに換えて、楡を屋内に包みこむことでこの難問を解決しました。その結果がいまはイラストだけで見ることができる、ヴォールト天井下の大樹と噴水という、クリスタル・パレスのシンボル空間となったのです。

楡の木の問題がなければ、水晶宮はもっと地味な形になったことでしょう。パクストンの素案ではヴォールトはなく、幅が順に減っていく長方形の平たい箱を三段に積み重ねたよう

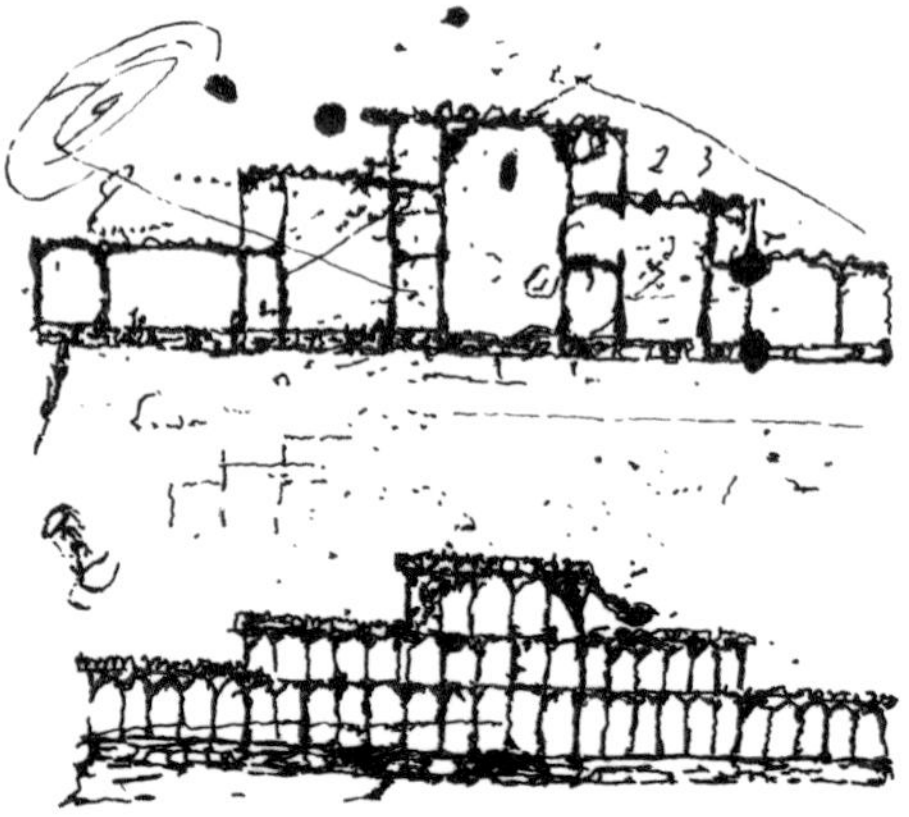

パクストンの描いた素案

な形で、屋根は平屋根です。ただし近寄ってみるとそれは山形の畝（うね）と溝（みぞ）で構成されていて、降り注いだ雨水は溝を流れ、雨樋である空洞の円柱を通って排水される仕組みになっていました。そのほかにも換気装置や床掃除の埃落としなど、目につかぬ部分に実用的工夫が凝らされています。

パクストンは装飾よりも機能性を重視し、これまでの歴史で人類が築いてきた大建築には付き物だった記念碑性、堅牢性、権威の視覚化から離脱しました。それは、会期後は撤去消滅するはずの一時的な構築物という特殊性と、建設費削減、工期短縮という要請から導かれた結果ではあったわけですが、袖廊のヴォールト屋根を別にすれば、シンプルな箱形の積み重ねであるクリスタル・パレスと、ほとんど同時期に建てられたバリーの国会議事堂の、ゴシックの小尖塔（ピナクル）でうるさいほど飾られた外観を比較すると、その違いに唖然とせずにはいられません。

規格化された工場生産の素材の全面的採用、機能性、安全性の確保、歴史様式の引用による装飾から距離を置くこと。クリスタル・パレスによって体現された主題をそう言語化してみると、まったく違う場所で生まれたそれが想起されます。一八五一年の遥か未来、二十世紀になって出現したモダニズム建築の思想です。二十世紀最大の建築家といわれるル・コルビュジエの「住宅は住むための機械である」ということばが思い浮かぶのです（水晶宮は住宅ではありませんが）。

無論先行する思想があったのではなく、外的な理由から設計者の意図を超えてその姿は成立したわけですが、博覧会という催しそのものが、神と王が支配した時代には存在しなかった、産業振興と民衆教化の名の下に国力の充実を世界に知らしめる近代の産物でした。すでに主役は「神」でも「王」でもなく、一般大衆でした。

この時代は上流階級＝富裕層でしたから、土曜五シリング、金曜二・五シリング、月曜から木曜一シリングという入場料は、上流／中流／それ以下という入場者の階級分けを意味していました。平日一シリングの入場者は一日平均五万五千人、全入場者の四分の三を占めていて、ロンドン万博を成功させたのは彼らでした。一シリングのカタログは二十八万部販売されたそうです。

博覧会の会期終了後、クリスタル・パレスは解体されてロンドン南郊シドナムの地に再建され、新発明の農業機械、機関車、印刷機などが人気を集めた博覧会から、内部の展示物も一新されました。造園家パクストンが本領を発揮した熱帯植物の中に、エジプト、アブシンベル神殿の王の巨像や、スペイン、アルハンブラ宮殿の獅子の中庭、ポンペイの古代ローマ邸宅など、世界各国の名所旧跡を原寸大で再現した、面白くてためになる啓蒙的な娯楽施設、遠き世界への憧れを掻き立てる夢の殿堂でした。

規模も大きくなり、容積は万博時のおよそ一・四倍に、長方形の中央を貫く袖廊のヴォールトもより高く、堂々たるものに変わりました。万博時には三層だったガラスの壁を支える鋳鉄の柱が、シドナムに再建されたときには六層になり、壮大化しています。

かくしてクリスタル・パレスは大衆の時代である二十世紀に直結する、モダニズム建築の先駆となり、その内を満たしたのはブリティッシュ・エンパイヤの国民、それも選良（エリート）のみならず一般庶民にまで共有された、日常から離れたもの、遠き世界に憧れる異国趣味（エグゾティスム）の快楽だったのです。

最後にヴィクトリア朝を知るための好手引きとして、メイド女性を主人公にしたマンガ『エマ』（森薫（もりかおる） エンターブレイン）をご紹介いたします。作中には、博覧会中と移築後の水晶宮がそれぞれ登場します。

若い事務員タグと妻ケリーにとって、シリング・デーの入場料ふたり分を捻出するのも容易（たやす）くはありません。タグは残業で稼ぎ、家で待つケリーは自分の夕飯をじゃがいもにして節約し、ようやくその日を迎えたふたりは、人混みに揉まれながら特別な休日（一シリングで入場できるのは平日ですから、タグは勤め先に頼んでわざわざ休みをもらわ

再建後の水晶宮

1854年にロンドン郊外のシドナムに移築された。「面白くてためになる」啓蒙的な娯楽施設として、植物園、博物館、コンサートホールなどを包括した。1936年に火災によって焼失し、跡地は現在公園となっている。

ねばならなかったでしょう）を楽しみます。

やがて夫が流行病で呆気なく逝くと、未亡人のケリーは家庭教師として自活し、老年のいまはひとり暮らしで、エマの主となりました。階級社会のイギリスにも少しずつ新しい風は吹き始め、ケリーの元教え子、富豪ジョーンズ家の長男ウィリアムは、メイドのエマと心を通わせ合うことになります。

初めてのデートはシドナムに移築された水晶宮。歩いて回れる世界一周の場内を、物珍しさに目を見張りながら眺めいるふたりに、階級の差などあってなきがごとき時間だったことでしょう。そのエマを窓辺から温かく見送ったケリーは、万博見物のとき土産に買った指貫（ゆびぬき）を手に、遠くなった若き日を思い返します。

「思い出すのは楽しかった記憶ばかり※3**」**

人生は祝祭より長い。

けれどガラス天井から注ぐ光に満ちた「その一日」の記憶は、時を超えて人を支え、微笑ませてくれます。

※1『大英帝国博覧会の歴史　ロンドン・マンチェスター二都物語』松村昌家　ミネルヴァ書房　2014

※2『建築の歴史』ジョナサン・グランシー　三宅理一他監訳　BL出版　2001

※3『エマ』第二巻「クリスタル・パレスにて」森薫　2003／第八巻「夢の水晶宮」森薫　エンターブレイン　2007

＊P.60 再建後の水晶宮平面図出典『Delamotte's Crystal Palace』Ian Leith English Heritage 2005

設計者

ジョセフ・パクストン
Sir Joseph Paxton
(1803 - 1865)

鉄とガラスの巨大温室を博覧会場にした若き造園業者は、会期後の水晶宮を市民が憩うウィンター・ガーデンに転用させた。残念ながら、その生命は長いものではなかったが。

再建後の水晶宮の平面図

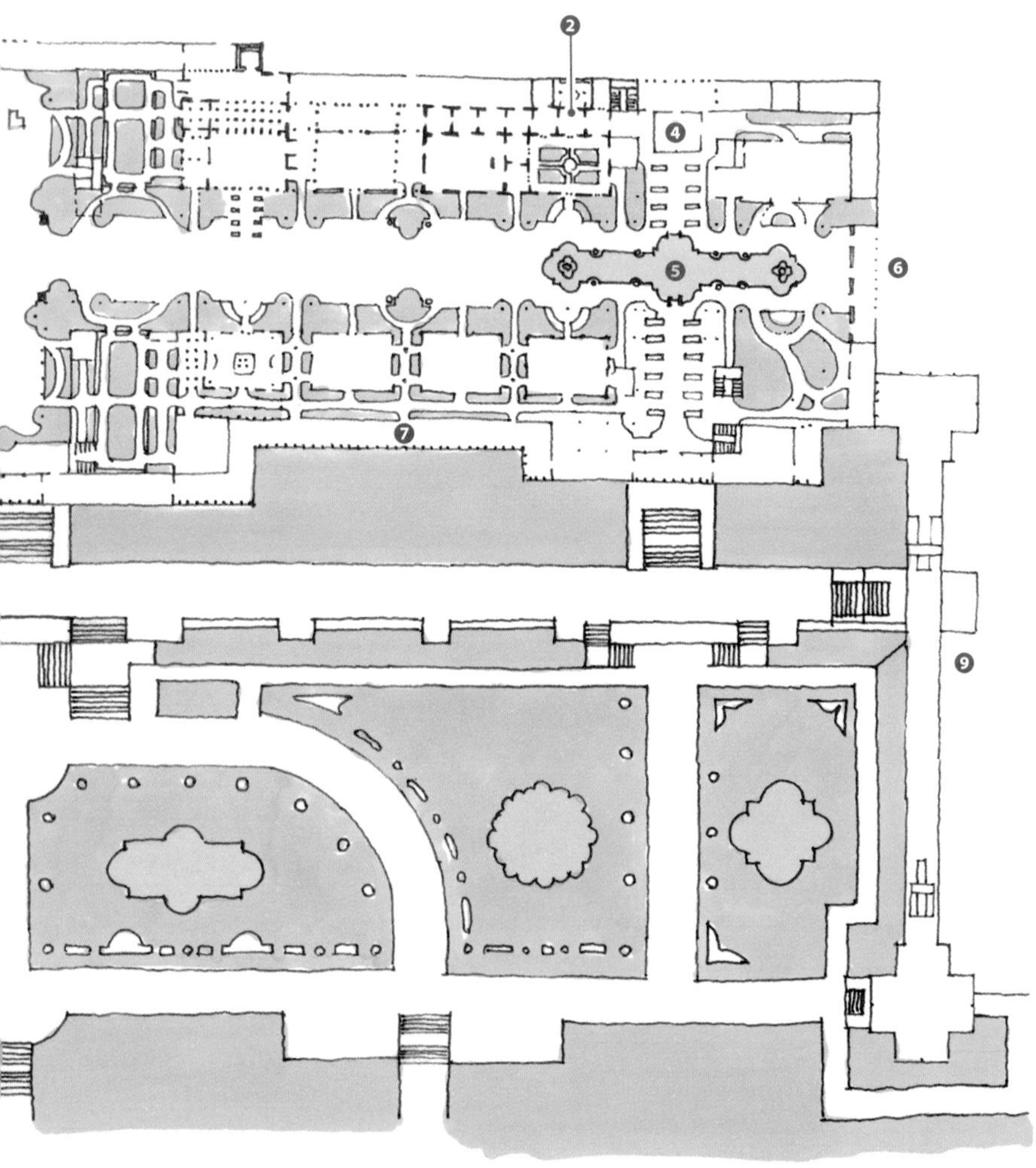

1F

❶入り口
❷ライオンのパティオ（アルハンブラ宮殿）
❸大噴水
❹アブ・シンベル神殿の巨大彫刻
❺大噴水
❻入り口
❼開放廊下
❽公園からの入り口
❾北翼棟
❿庭園
⓫南翼棟

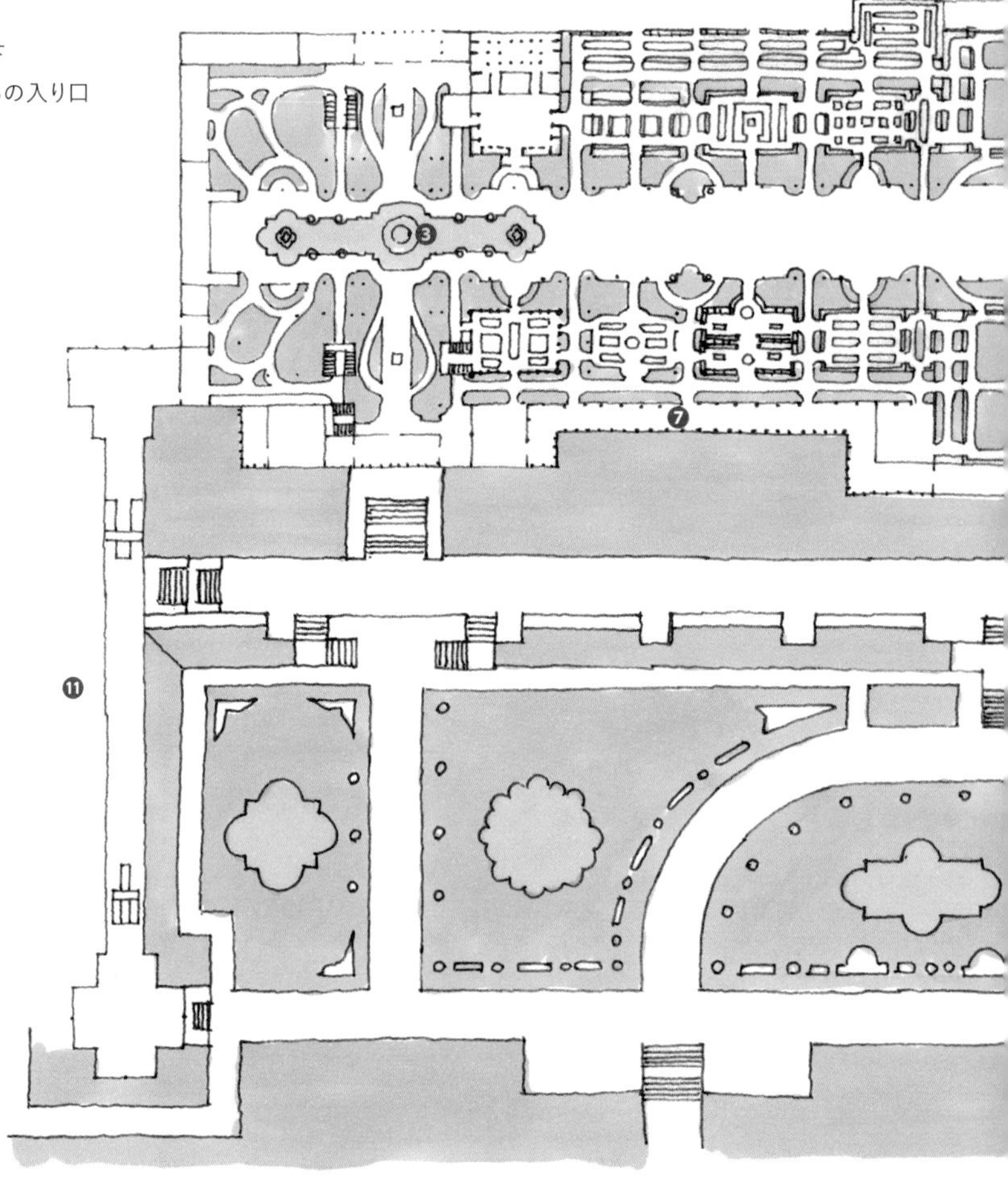

Mysterious Architecture

Case. 05

建築スタイルはなぜ混ざる
町屋から宮殿まで、素敵な折衷の世界

【 ドルマバフチェ宮殿 】

オスマン帝国末期の啓蒙主義時代に建設された西洋風大宮殿。帝国滅亡後は共和国の大統領執務所として用いられ、救国の英雄と讃えられた初代大統領ケマル・アタチュルクはこの宮殿で亡くなった。

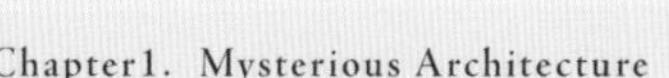

【 函館の和洋折衷民家 】

函館の西部地区に多く見られる。1階は出格子窓、2階は下見板張りペンキ塗りの壁に縦長の上げ下げ窓。上下で和洋を重ねている。イラストは函館市弁天町に建つ旧野口梅吉商店。1913年に米穀店として建てられた。

ここまでご紹介した建築の内、日本に建った築地ホテル館、鹿鳴館、龍翔小学校、済生会本館は、いずれも和洋折衷の建築でした。擬洋風ということばも広く知られるようになってきましたが、そこには西洋建築についての正確な知識が無いまま、見様見真似で作ってしまった建物、というイメージがつきまといます。拙い、あるいは勘違いがある。それゆえの面白さが魅力、というような。しかしここではもう少し広い意味で、折衷というものを考えてみます。

まずは折衷建築の、ふたつのサンプルをご覧下さい。

ひとつは北海道、函館の西部地区に多く見られるもの。一階は出格子(でごうし)窓、二階は下見板(したみいた)張(ば)りペンキ塗りの壁に縦長の上げ下げ窓という、和と洋を上下に重ねた外観の町屋で、これは大正期に建てられた元米穀店です。[※1] 屋根は日本瓦で、軒は洋風の持ち送りで支えられ、ただし内部は畳座敷の、和風のしつらえとなっています。

幾度もの大火を経験した函館では、出火に備えて土蔵造りの商家も多くあります。また北海道で、古い商家が残された町といえば小樽も有名ですが、あちらは二階部分が石壁になった木骨石造がメインで、函館のような下見板張りペンキ塗りの洋風は見られません。[※2] 耐火建築という意味では石造の方が理に適っているので、小樽では函館より建築用の石材の入手が容易かった、といった理由があるのかも知れません。

もうひとつはトルコの、イスタンブールに建つドルマバフチェ宮殿です。オスマントルコ帝国の末期に建造された、豪奢なバロック様式の大建築ですが、ヴェルサイユ宮殿を思わせる白大理石の外観や、白鳥の彫像に飾られた大噴水に目を奪われると、大事なことを見逃してしまいます。広場に向かって左右対称に翼を張ったヴェルサイユとは違い、ドルマバフチェはボスポラス海峡の海岸線に沿った六百メートルを越す細長い建物で、その西端にエントランスホールがあり、奥へ奥へと続いています。

平面図を見ると、全体のほぼ中心部に大ドームをいただいた巨大な儀式の間がありますが、そこから先の廊下はごく狭く、唯一本の通路のみで表玄関のある区画と繋がっていることがわかります。この狭い通り道から奥がいわゆるハレムで、宮殿内はイスラームの生活習慣に従って、男性のための区画と女性たちが暮らす区画が厳密に分離されていました。

将軍以外の立ち入りが禁じられた江戸城の大奥を思い浮かべれば、機能はほぼ同じです。エントランスに近い表の区画で、男性による公的政治的活動が営まれ、奥のハレムはスルタンの母后や妻、彼女らに仕える女官たちが暮らし、スルタンが私的生活を営む場でした。ただトルコでは民家でも、男性のための部屋であるセラームルックと、女性のための部屋ハーレムリッキが厳密に区分されていて、接客時にも女性はセラームルックに足を踏み入れない習慣でした。[※3]

宮殿の西洋風の意匠は、西欧列強の外圧に抗して衰退する帝国を近代化し、国家を延命させたいと願うオスマン帝国政府の希望の表現でしたが、それは結局表面的な模倣にとどまっていた。イスラムとしての生活習慣、男女分離の風習を緩和して近代化することまでは望まれていなかったことが、この土洋（トルコと西洋）折衷建築の平面からうかがい知れます。

ひるがえってもう一度近代の日本に目を向けると、江戸から明治へという変化の時代、流入する西欧文化を一刻も早く採り入れようとした、最初期の建築的試みが擬洋風です。塔やヴェランダ、縦長の窓、左官の手業で石積みのように見せかけた漆喰の塗り壁などで洋風を表現することは、構造としてのトラスやアーチを学ばなくても、見るだけで模倣が可能でした。

公の手になる大建築だけではありません。江戸時代には、いくら豊かでも農民や町人が絹を着ることは許されなかったように、住まいの普請にも身分による規制があったので、その規制が消えたとき、施主の欲望を形にする擬洋風住居が生み出されたのも、またひとつの必然でした。

その例として、福島県伊達市で保存されている国指定重要文化財旧亀岡家住宅を挙げます。一九〇二年建造、施主は土地の有力者亀岡正元（かめおかまさもと）。東京ではすでに、コンドルの薫陶を受けた帝国大学造家学科卒業の若き建築家たちの活動が始まり、擬洋風的な建築は姿を消しつつありましたが、大都市と地方のタイムラグもあってか、旧亀岡家住宅を設計施工したのは、宮大工出身の江川三郎八（えがわさぶろうはち）という技師でした。※4

大屋根の中央に八角形平面の塔が突き出し、棟瓦の上には軒庇に強い反りのある小尖塔（見せかけの煙突）が二基載るという、実に特徴的な外観です。ところが裏手には農家風の広い土間と板張りの台所があり、主人居間は折上額縁格天井（おりあげがくぶちごうてんじょう）、正座敷は銘木を用いた書院造りで、洋風のしつらえはごく一部に見られるだけです。

二階は畳敷きの座敷を廊下でぐるりと囲み、部屋の独立性が高いのは新しい要素としても、間取りや造作はやはり純和風。塔となった三階は見学できませんが、展望室と名付けられていて、写真を見る限り、実用的な用途はなさそうです。想像するに施主が望んだのは、実用性を欠いた塔に象徴される開化の証としての西洋風外観の館であり、内部の生活空間を洋風化する意志は、もともと持たなかったのでしょう。

コンドルが設計した岩崎久弥(いわさきひさや)邸で、洋館は接客のためにのみ使用され、家族の日常生活はそれに倍する規模の和館で営まれたのとよく似た、二重構造がここでも成立していたと考えられます。大正時代に一般化したといわれる文化住宅、玄関横に洋風の応接間を一室設け、日常生

旧亀岡家住宅

福島県伊達市で保存されている国指定重要文化財。もとは桑折町伊達崎にあり、約4,600平方メートルの敷地に建つ屋敷だった。1995年に主屋の一部のみが移築復原された。

活は畳の和室を使うというのは、この和洋館併置式邸宅の庶民化したものといえますが、擬洋風の時代からすでに、ハレの洋とケの和、という使い分けは始まっていたわけです。

ただ、お屋敷ではないもう少し普通の住宅の変化について見ると、機能としての洋化、より健康的で家族が住みやすいと感じる家を求めての、住宅改良の流れも検討する必要があります。江戸時代の下層武士の住宅では、家のもっとも良い場所を正座敷と次の間が占め、家族の居場所や台所は裏に押しこめられているのが普通でした。来客の身分によってふたつの座敷を使い分ける、武家社会の煩瑣な礼儀作法がそれを必要としていたのです。

明治に入って武家社会が解体され、住宅の平面は変化していきますが、接客空間の生活空間に対する優越は残り、家を東西に貫く廊下の南に床の間のある正座敷や洋の応接間を、北に台所や浴室、家族の集う茶の間などを配置する中廊下型の住宅が長く基本的な構成となります。[※5]

洋室にしろ和室にしろ、普段使いをしない応接間のある家は、かつて珍しくありませんでした。けれど現代では、家族の生活より接客が大事、という意見はあまり多くないでしょう。いま家を建てようとして、間取りを一から考えたなら、なくてはならない部屋としてまずなにを挙げるか。家族で使う食堂兼居間は必須として、後はそれぞれの個室が優先され、応接間は格別作られないのではないでしょうか。

そして畳座と椅子座。これはたぶんすでに勝負がついています。現代日本の住宅において、洋室は明らかに量的に和室に勝っています。ですがそれでも私たちは、明治以前の習慣を捨てていません。依然として玄関で靴を脱ぎます。新築住宅の外観は北欧風やスパニッシュでも、純然たる西洋建築とは呼べません。つまりいまなお日本人は、敢えていってしまうなら擬洋風めいた、和洋折衷の住宅に暮らしているわけです。

　近代日本建築における和洋折衷というテーマをさらに追いかけると、異端の建築家下田菊太郎（しもだきくたろう）が提唱した帝冠併合式、伊東忠太（いとうちゅうた）の唱えた建築進化論、さらに戦後になってファシズムの名の下に批判された「日本趣味的表現」という一連の流れが出てくるのですが、これについては後の章で、別の切り口から話題にいたします。

　目を再度国外に転ずれば、異なる国、異なる文化の生んだ建築スタイルが混合される場のひとつとして、植民地があります。寒冷なヨーロッパの風土から生まれた様式の建築が、インドや東南アジアの熱帯で、快適に機能するはずがありません。それでも植民者は、西欧的住居と生活スタイルに固執せざるを得なかったというのは、西欧文明は植民地となった国々より文化的に優れている、という建前に関わっていたからです。

　優等なる西欧人は、熱帯でもその文化を手放すわけにはいかない。彼らが見出した、現実と理念の妥協の結果である折衷の形が、深い軒で陽射しをさえぎり、壁をなくして自然の風を享受できるヴェランダ付き住宅でした。日本でも同じように建ててみたが、ヨーロッパより明らかに湿潤であるとはいえ、熱帯ならざるこの国で、ヴェランダは実用的な意味を持ちません。長崎や神戸に残る明治初期の住宅では、一度作ったヴェランダの柱間にガラスを入れてサンルームに改造されるなどし、やがてヴェランダ自体が洋風建築から消滅しました。[※6]

機能ではなく思想の面から、現地のモチーフと西欧のスタイルを折衷させた建築も、植民地には数多く作られています。ボンベイ（当時）の行政庁舎やタージ・マハル・ホテル。フランス人建築家の設計になるハノイの歴史博物館。ヴェトナムではカトリックの宣教師によって建てられた、仏寺のようなファットジェム大聖堂もここに含められるでしょう。これらはいずれも、思想的に折衷の意匠を選択した建築です。植民地経営とは列強による収奪ではなく、文明の遅れた国を教え導き進歩させるための正当な行為だ、と信じられていた時代もあったからです。

それに対して、最初に挙げたイスタンブールのドルマバフチェ宮殿は、上からの啓蒙的な西欧化という、これらとは正反対のベクトルから生まれた折衷建築です。ただそれも、日本になぞらえていえば和魂洋才のような、物質的表層的に西欧文化を真似てみる、精神文化の方面ではそれを拒否する、というかたよった近代化政策の顕れに過ぎませんでした。

このように、異文化同士の遭遇と交流は、常に激烈なドラマをはらんでいます。建築モチーフの折衷、融合は、和解ではなく支配のしるしともなります。インドが英帝国の一部であった時代に建てられた印洋（インドと西洋）折衷建築は、民族主義者の目には屈辱のしるしと映ったことでしょう。ハノイの歴史博物館も、伝統的な木造建築を鉄筋コンクリートで再現し、ラテン十字形に再構成した美しい越仏（ヴェトナムとフランス）折衷建築ですが、ヴェトナム人にすれば必ずしも賛美できるものではないのかも知れません。政治的な意味合いを込めた折衷は、支配者が変われば嫌悪され、過去の負の遺産として破壊されることになります。日本がソウルに残した、総督府時代の建築物のように。

ですがここでもう一度、水晶宮が建てられた十九世紀のロンドンを振り返ってみましょう。ハイドパークの万国博覧会場では、ブリティッシュ・エンパイヤの輝かしい進歩を誇示する新発明品や、インドのパンジャブ王家からヴィクトリア女王の手に渡った一九〇カラットのダイヤモンド「コ・イ・ヌール」が来場者の関心を集めたといいますが、※7シドナムの地に移築された水晶宮に満たされたのは、世界の歴史と多様な芸術を現物と実物大模型で見せる教育的な展示物でした。

物質的に充足した人間は、ここではない彼方へと心を遊ばせる余裕を獲得します。啓蒙を兼ねた娯楽の殿堂の出現は、イギリスのエリートのみならず庶民の目もまた、自分の暮らす日常的な世界を越えて、時間も空間も異なる彼方へ向けられるようになっていたことの証でした。その豊かさの背後には、イギリスの支配によって貧困や飢餓に追いやられたインドやアイルランドの悲劇が隠されていたのですが。

世界は地続きであるけれど、そこには非常に多様な文化が花開いていることを、現代人は当たり前のように知っています。しかし、かつてはそうではありませんでした。自分の足で歩いて行け、肉眼で見ることのできる範囲が、人の一生で知ることのできるすべてだったのはわずか数百年前です。人間はその状況に自足し、見知らぬ異国を恐れ嫌いました。

けれどいつの頃からか、未知の世界は嫌悪や警戒の対象ではなく、興味深く心そそる、憧れ、手に入れたいと望む対象に変わっていきます。それをエグゾティスム、異国趣味と呼びます。鹿鳴館を巡って登場させたフランスの文人ピエール・ロチの作品が一世を風靡(ふうび)したのも、彼の文章と絵が当時の読者に、トルコやタヒチ、日本といった、容易には行けない遠い世界を垣間見せてくれたからです。建築における折衷という表現もまた、広い意味でエグゾティスムの欲望に根ざしている、といえるのではないでしょうか。

さらに時代が下れば、外交や商用といった目的ではなしに、海外へ出かける旅行者が増加してきます。観光事業の成立です。一九三〇年代の日本では、外国人観光客を誘致して観光収入を上げようという政府の方針があったそうで、日本風の外観を採り入れた大型の観光ホテルが次々と造られました。これもまた、異国趣味が引き起こした折衷建築です。※8

人間が生物として、安全に生存し子孫を残していくには、既知の中に留まるのがもっとも賢明です。

けれどなぜか人間は、それだけでは生きられない。

未知のもの、異風のもの、目新しいものに引き寄せられる本能が、ときどきの思想や政治情勢と結びついてエグゾティスムの香り高い、折衷という異形の花を咲かせる。

枯れやすい花はたちまち色を変え、散り落ちて、けれど決して消え去ることなく、ところを変えてまた新しく咲き続けます。

※1『函館の建築探訪』函館建築研究会/函館の歴史的風土を守る会他編　北海道新聞社　1997

※2『小樽の建築探訪』小樽再生フォーラム編　北海道新聞社　1995

※3『トルコの民家　連結する空間』山本達也　建築探訪第八巻　丸善　1991

※4『旧亀岡家住宅調査および移築保存工事報告書』福島県伊達郡保原町　保原町教育委員会　1996

※5『中廊下の住宅　明治大正昭和の暮らしを間取りに読む』青木正夫他　すまいの図書館出版局　2009

※6『日本の近代建築　上　幕末・明治編』藤森照信　岩波新書　岩波書店　1993

※7『コ・イ・ヌール　美しきダイヤモンドの血塗られた歴史』ウィリアム・ダルリンプル他　東京創元社　2019

※8『戦時下日本の建築家　アート・キッチュ・ジャパネスク』井上章一　朝日選書　朝日新聞社　1995

＊P.74ドルマバフチェ宮殿平面図出典『Dolmabahce Palace』Eren Calikoglu Do-Gu Yaymlari

作者

ピエール・ロチ
Pierre Loti
(1850-1923)

フランス海軍士官としてトルコ、タヒチ、イースター島などで得た見聞を、私小説的な作品にして発表し人気を集めたが、その後シュルレアリストらの批判を浴び、やがて忘れられる。岡谷公二『ピエル・ロティの館　エグゾティスムという病い』（作品社）に詳しい。

ドルマバフチェ宮殿の間取り

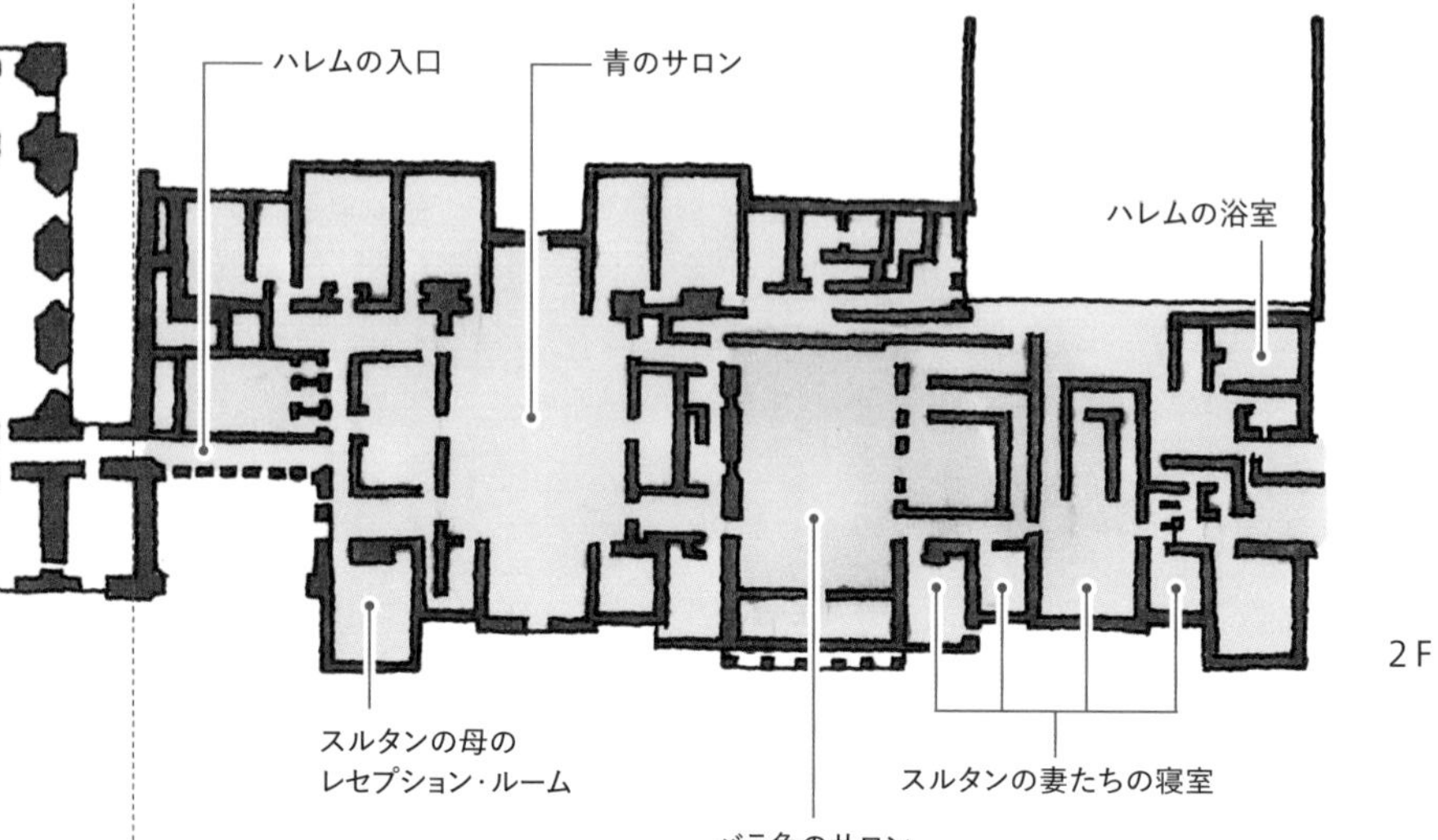

Harem/ハレム
女性たちが暮らす区画

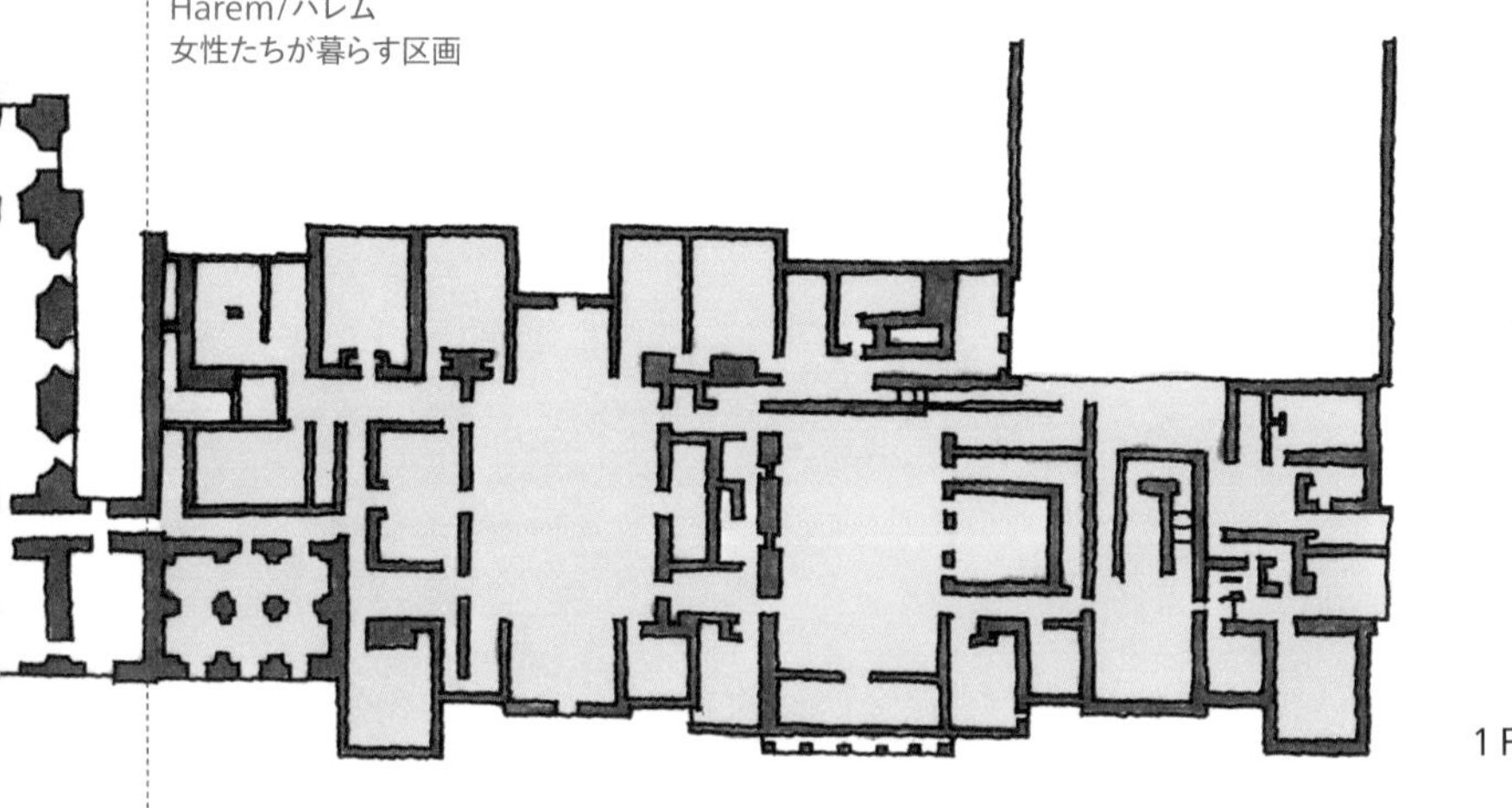

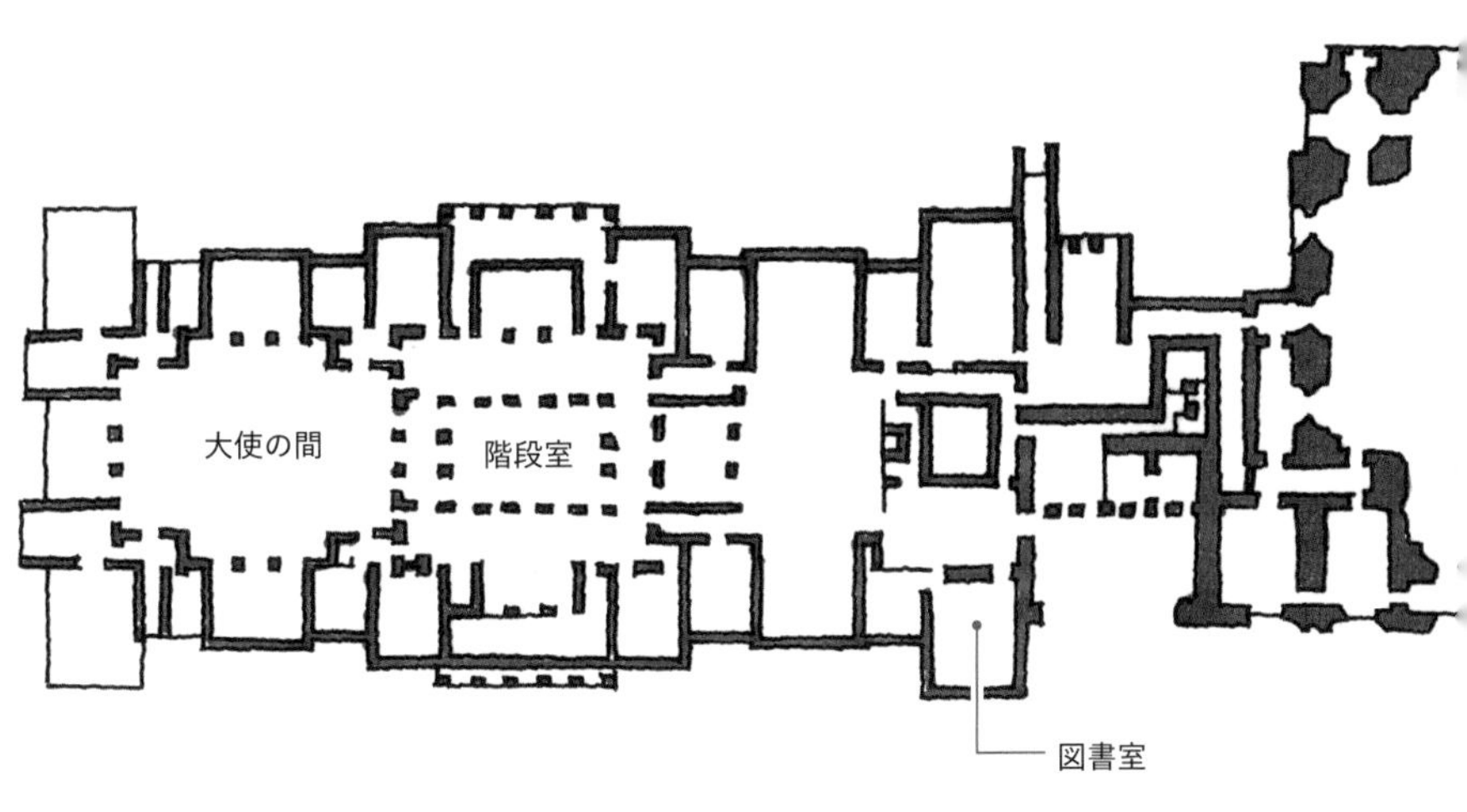
大使の間
階段室
図書室

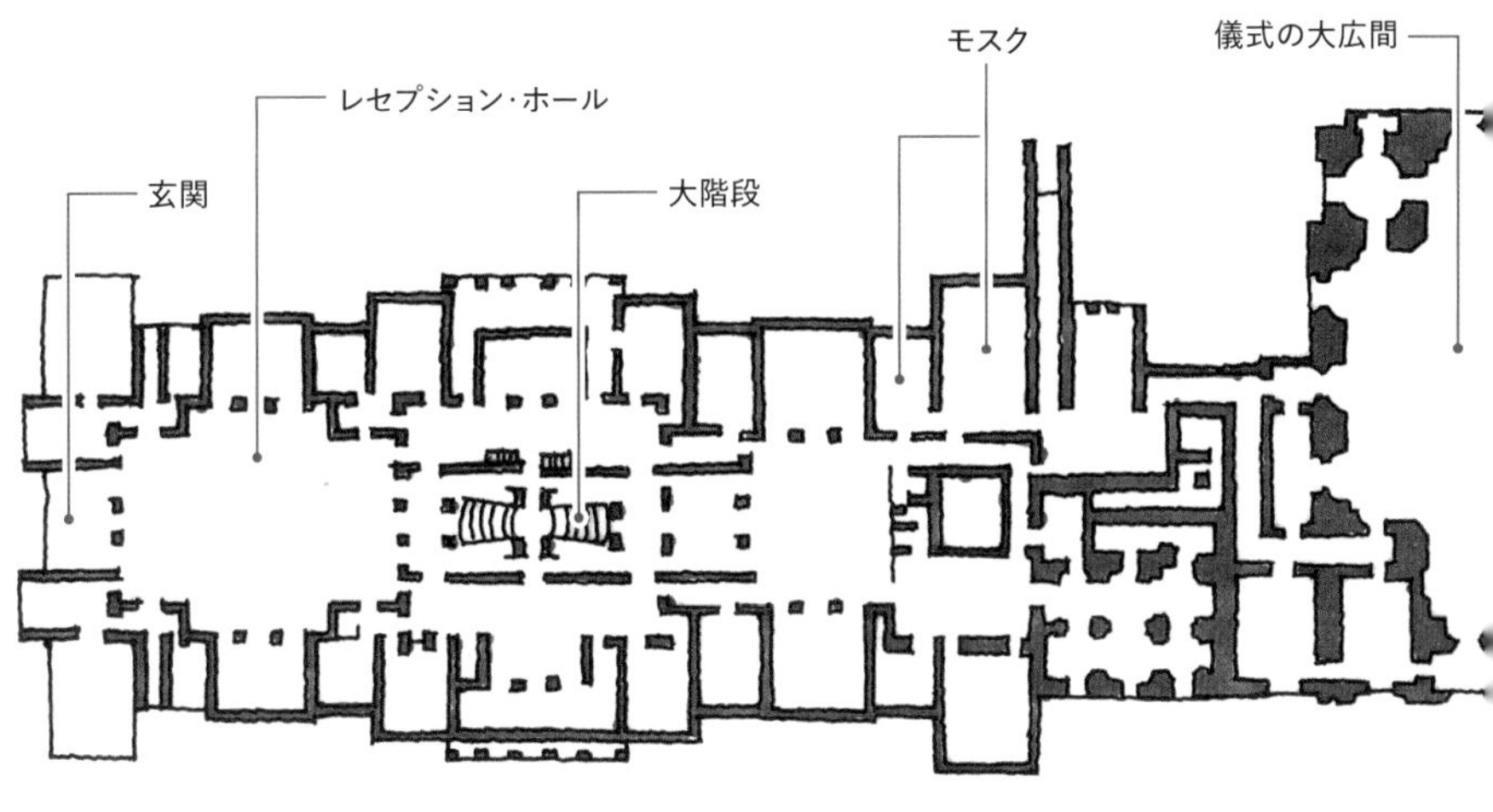
モスク
儀式の大広間
レセプション・ホール
玄関
大階段

Mysterious Architecture

Case. 06

中銀カプセルタワービルは理想の密室現場となり得たか？ ミステリ・マニアの夢と現実

【中銀（なかぎん）カプセルタワービル】

建築家の黒川紀章が設計し、1972年に東京・銀座に竣工した。恒久的な建築を否定し、都市と建築は変化するべきだという建築理論・メタボリズムに則った代表的な建築。2022年4月から解体が始まり、現在解体工事は完了している。

ここまで、実在の建物をめぐるあれこれを話題にしてきましたが、第二部では小説の中の建築物にテーマが移っていきます。その前振りとして、そしてリアルからフィクションへの橋渡しに、つい先日姿を消してしまった、黒川紀章（くろかわきしょう）の中銀カプセルタワービルについて考えてみるとしましょう。

同じく現実に存在した建物とはいえ、いきなり一九七〇年に気鋭の若手建築家が挑んだモダニズムの極みであるメタボリズム建築。奇を衒（てら）う飛躍かと思われるかも知れませんが、建築というものは常

に、実用性と同時に精神性を孕んでいるものです。鹿鳴館が「進んだ文化を持つ欧米に追いついた開化の日本」という、未だ実現せぬ夢を形にした建築であったように、中銀カプセルタワーは「移動可能な住宅が普及する新しい日本」という未来的な夢の具現化だったのです。

それは銀座八丁目の外堀通りに建っていた、一目見たら忘れられない外観のビルでした。エレベーターと階段のあるシャフトに取りついたカプセルは、間口二・五メートル×奥行き四メートル、天井高二・一メートルの直方体で、窓は直径一・三メートルの正円がひとつ。面積はユニットバスとトイレを含めてわずか十平方メートルです。片側の壁に作り付けの棚があり、テレビ、デジタル時計、折り畳み型デスク、小型冷蔵庫が標準装備。電話、スピーカーとテープデッキ、電卓、シンクはオプションでした。※1・2

一九七〇年大阪万博に展示された、黒川による実験的なカプセル住宅に、感銘を受けた実業家の依頼により建築されたとのことで、博覧会が時代を先取りするコンセプト提示の場であった点、一八五一年のロンドン万博と、モダニズム建築の先駆となったクリスタル・パレスを思い出さないではいられません。

しかし、地縁血縁から解き放たれた新世代にふさわしい、トラック一台で移送可能な動く家としてのカプセル、という、二十一世紀の現在でも斬新に思えるアイディアは、その構想どおりに運用されることはありませんでした。個々のカプセルを二十五年で交換し更新すれば、ビル全体が二百年の寿命を持つというはずが、一度も交換されることなく築後五十年で老朽化、取り壊しとなりました。

　空調や給湯といった共有部分のメンテナンスに、いささか難があったようで、そこは技術的な問題ですが、構想どおりの活用をするには、カプセルの取り外しや移送の方法、移動した先にそれを設置するシャフトが完備していることなど、素人が考えても課題は多くあります。今回の解体工事でも、保存用のカプセルを壊さずに取り外すのはかなり困難だったようでした。実際問題としてあのカプセルは、見かけほど簡単に新陳代謝（メタボリズム）できるものではなかったようです。

　技術面だけでなく、一九七二年といえば、テレビは分厚いブラウン管、電話はダイヤル式で、インターネットなどその概念すらない時代です。こうしたミニマムな住居を都心部に個人が所有し、必要に応じて軽やかに住み替えるという生活イメージが、社会的にも早すぎたのでしょう。ところがそうした情報機器は、五十年間で庶民の生活には欠かせないところまで日常化しただけでなく、小型化軽量化し、いまや住人は我が家に身を置いたまま、片手で世界と繋がることができます。面積十平方メートルの直方体の住まいは、独居が当たり前になった現代にこそふさわしいのではないでしょうか。

　二〇一五年の見学会で公開された部屋では、ドアと正対する奥の壁の窓下にベッドが設置され、横になったまま眺められる街の眺望はすてきなものでした。そして、銀座八丁目という場所にしては信じられないくらい安い家賃で、その一室を借りることも可能だったのです。

すでにカプセルには各種の不具合が起きていて、住むとなればエアコンは個別に後付けする必要がありましたし、ガスは使えないのでシャワーも水だけです。でも電気は通っていましたから、お茶やカップ麺のためのお湯くらいは沸かせます。入浴なら近くに銭湯がある、部屋で調理できなくとも至近に手頃な食堂とコンビニがある、というわけで、その気になればかなり快適に暮らせたようです。

自分で所有するのは最低限の設備のみで、後は外部のインフラを活用するというコンセプトに、現実がようやく追いついてきたわけです。つまりは中銀カプセルタワーは早すぎた試み、二十一世紀のいまにこそ建てられるべき建築だったということなのでしょう。

実は今回〈建築知識〉誌から最初に戴いた依頼は、「実在する建物を舞台にして、そこにふさわしい事件を考えてみたら」というものだったのですが、それについてはお断りさせていただきました。ミステリ作家というのはまことに因果なもので、確かになんらかの事件を起こすことから考えなくてはなりませんが、事件とは基本的にろくでもないものです。人が死ぬ、失踪する、大事なものが盗まれる、または破壊される。自分が所有する建築物を舞台に、そんな不吉な物語を書かれて嬉しがれるのは、書き手と同じくらい重度のミステリ・マニアだけでしょう。

なので私がミステリを書く場合、その物語の舞台にふさわしい、モデルになる建物を探しますが、「それそのもの」は出さず、名前や場所、前歴、平面などに手を加えて、「似た別物」にします（例外はありますが、殺人は起こしていません）。その点は、現実に起きた事件を不用意にフィクションとして扱わない、というのと同じことです。ですが折角のご依頼をまったく無視するのも申し訳ないので、今回、取り壊されることがすでに明確になっていた中銀カプセルを舞台にミステリを書くとしたら、どんな事件が考えられるか想像してみることにしました。

カプセルが黒川の構想どおり、取り外して移動させられるのが常態となっていたら、それらしい奇抜なシチュエーションはあれこれ考えられそうです。住人がぐっすり眠っている間に、部屋ごと移動させられて、思ってもみない場所に運ばれている、とか。

カプセルの丸窓は開かないはずですが、このカプセルの持ち主は閉所恐怖症の上に高所恐怖症で、窓を開くように改造した上、いつも必ず地面近くに設置して住んでいた。火災報知器の警報に目を覚まし、ドアを開けようとしたら熱くて開けられない。廊下で火災が起きているらしいと思い、窓を開けて飛び出したが、そこは崖の上だった。加害者がドアを熱していた痕跡を消して立ち去れば、室内に一歩も足を踏み入れず、被害者に指一本触れることなくあたかも自殺の如き転落死。

いや、これはいくらなんでも失笑物のコントでしょう。かくてはならじ、というわけで視点を変えます。

ミステリ・マニアが中銀カプセルの見学に行ったら、このシンプルな空間に足を踏み入れた途端、「密室だ！」と異口同音に声を上げることは賭けてもいいです。その「密室」ってなんだ、という話を始めると本一冊でも終わりませんので、ここは非常にざっくりと、『施錠、監視などによって外力が及ばない状態に置かれた閉鎖空間』、と定義しておきます。さらに「密室殺人」を（殺人でなくてもいいんですが、そうするとさらに定義が複雑になってくるので）、『密室と見なされる空間で起こった、犯人の手による他殺と見なされる死』、と定義します。

はい、おわかりですね。後の定義にはふたつの『見なされる』が含まれています。密室のように思われたけど実は密室ではなかった。犯人による他殺のように見えたけど実はそうではなかった。そこにトリックの入る余地があります。エドガー・アラン・ポーの「モルグ街の殺人」（一八四一）以来、世界で何作の密室ミステリが書かれたかわかりませんが、すべてはこの範囲に含まれます。

ミステリを読まない方に伝わらないと困るので、もう少し説明を加えます。実在した中銀カプセルそっくりの、広さ十平方メートルの直方体の部屋がそこにある。外部へのドアはひとつ、窓もひとつで開かない。その中に他殺死体が横たわっている。ドアから出入りした人間はいない。これが密室殺人です。

しかし密室が定義どおりの密室で、死が間違いなく他殺であったら実行不可能な犯罪になってしまいます。ミステリは通常オカルト（幽霊が壁を抜けて殺すとか）やＳＦ（外から念力で殺すとか）で話を落とすのはタブー。一見不可能だが実は可能な犯罪でなくてはならない。そしてその実行可能性は、読者が納得できるものでなくてはならない。そのための悪戦苦闘が密室ミステリ創作の歴史です。その過程で読者を幻惑するための、様々な仕掛け＝トリックが考案されました。それはもう、涙ぐましいほどに。

ここで日本における探偵小説（ミステリ）の受容史を、密室ものをメインに、ものすごく大ざっぱにご説明しておきます。「モルグ街の殺人」は一八八七年（明治二十年）、「ルーモルグの人殺し」という題で、作家饗庭篁村（あえばこうそん）により翻案され、〈読売新聞〉に掲載されました。黒岩涙香（くろいわるいこう）の翻案小説が人気を集めて、日本に最初の探偵小説ブームが起こるのが一八八八年からなので、かなり早い時期の紹介だとはいえます。正確な逐語訳ではなく、またこの作品が日本人にどんな受け取られ方をしたかはわからないのですが、ともかく密室ミステリは明治の日本に早々と上陸していたわけです。

明治二十年代といえば、ジョサイア・コンドルが政府の雇用から離れ、民間建築家として設計事務所を開いて活動を始めた時代です。公共建築にせよ、住宅にせよ、欧化へと向かう時の趨勢は留められなくとも、新聞掲載の翻案探偵小説を楽しむ一般庶民にとって、西洋建築はまだ新奇な異物だったことでしょう。

この時代の翻訳小説は翻案という形を取っています。登場人物の姓名を日本人のものにし、風俗についても日本人に既知のものに改変するのです。シャーロック・ホームズものの

「赤毛組合」と現在は訳されている作品が「禿頭倶楽部」と変えられたように。[※3]

日本における探偵小説の受容はこの後、大正から昭和初期に雑誌〈新青年〉が多くの翻訳探偵小説を掲載して人気を集め、その影響を受けて日本人作家の手による探偵小説も増えてきました。いまなお読み継がれる江戸川乱歩もこの時期のデビューです。そして太平洋戦争中の弾圧期を超え、戦後は翻訳作品に刺激を受けた日本人作家によるブームの百花斉放期を迎えます。

しかし日本人作の密室ミステリは、戦後になるまで決して多くはなかったというのは、日本家屋の開放性が密室という舞台に適さなかったからだ、といわれます。ブームの牽引役となった横溝正史は一九四七年に『本陣殺人事件』で、新人高木彬光はその翌年に『刺青殺人事件』で、それぞれ密室の事件を描きますが、前者は周囲の雨戸を立てきった離れ屋、後者は内鍵をかけた風呂場が事件現場になっていて、なるほど作者の苦心が忍ばれます。

現代の日本では住宅も開放的な日本家屋より、気密性の高い鍵のかかる建物が当たり前となり、そのせいでとも思えませんが、密室の事件を扱うミステリは、トリックはすでに出尽くしたといわれながら、いまもさまざまな趣向を凝らして盛んに書かれ続けています。ですが書き手の胸には、もっともシンプルな密室、開かない窓と施錠されたドア、それ以外なにもない室内に転がっている他殺死体、というイメージが、いわば見果てぬ夢として宿っているのではないか。中銀カプセルの内部から家具調度を取り払えば、そこに顕れるのはまさしく、密室のイデアとでもいうべきものでは。そんなことも考えてしまいます。

しかしいま改めて現代のリアルと中銀カプセルを重ね合わせて、そこにいる人間を殺す手段を密室ミステリ風に考えてみたとき、ふと気がつきました。この現代、真の意味での密室はあり得ないと。

だって、現代人は誰もスマホを手放さないでしょう? こもったカプセルにナイフや銃弾、毒薬が飛びこむ隙間はなくとも、情報はいくらでも届いてしまう。つまり大きすぎる位大きな窓は、常時外界に向かって開け放たれている。そして現代人は、そのことの当然さに慣れきって、スマホを窓として意識することすらなくなっています。

ですが、窓は窓です。そこから顔を出して声を放つこと、なにかを投げることもできれば、外からなにかが飛びこんでくることもあり得る。しかもその窓には、いくらでも細工することが可能です。

手紙を送って受け手を恐怖させ脅迫したり、暗示を与えるなどして死に追いこむという筋書きは、古くから類例がありますが、メールで同じことができないとはいえますまい。または受け手がよく見るサイトに細工する、ＳＮＳを操作して贋の情報を信じこませる、フェイク動画を送りつけるなどなど、いくら堅固な壁の中に引きこもっても、当人がパソコンやスマホでネットを見ることを止めなければ、窓は開け放しです。かといって、情報による禍害を恐れてネットを遮断すれば、情報への飢餓感から不安が増し、危険はむしろ上昇します。

その果てに死を選んだとしたらそれは自殺ではないか、といわれそうですが、殺意を持った犯人の巧妙な工作の結果なら、限りなく他殺に近いとはいえるでしょう。もっともそんなミステリが、ミステリとして面白いかどうかはまた別の話ですが。

※1『中銀カプセルタワービル 銀座の白い箱船』中銀カプセルタワービル保存・再生プロジェクト編著 青月社 2015

※2『中銀カプセルタワービル 最後の記録』中銀カプセルタワービル保存・再生プロジェクト編 草思社 2022

※3『日本ミステリー小説史 黒岩涙香から松本清張へ』堀啓子 中公新書／中央公論新社 2014

設計者

黒川紀章
Kurokawa Kisho
(1934-2007)

日本のポスト・モダン建築家。菊竹清訓や槇文彦らとともにメタボリズム・グループを結成し活躍した。作品に国立民族学博物館(1977)、国立文楽劇場(1984)、ゴッホ美術館新館(1999)、国立新美術館(2006)など。

中銀カプセルタワービル内観図

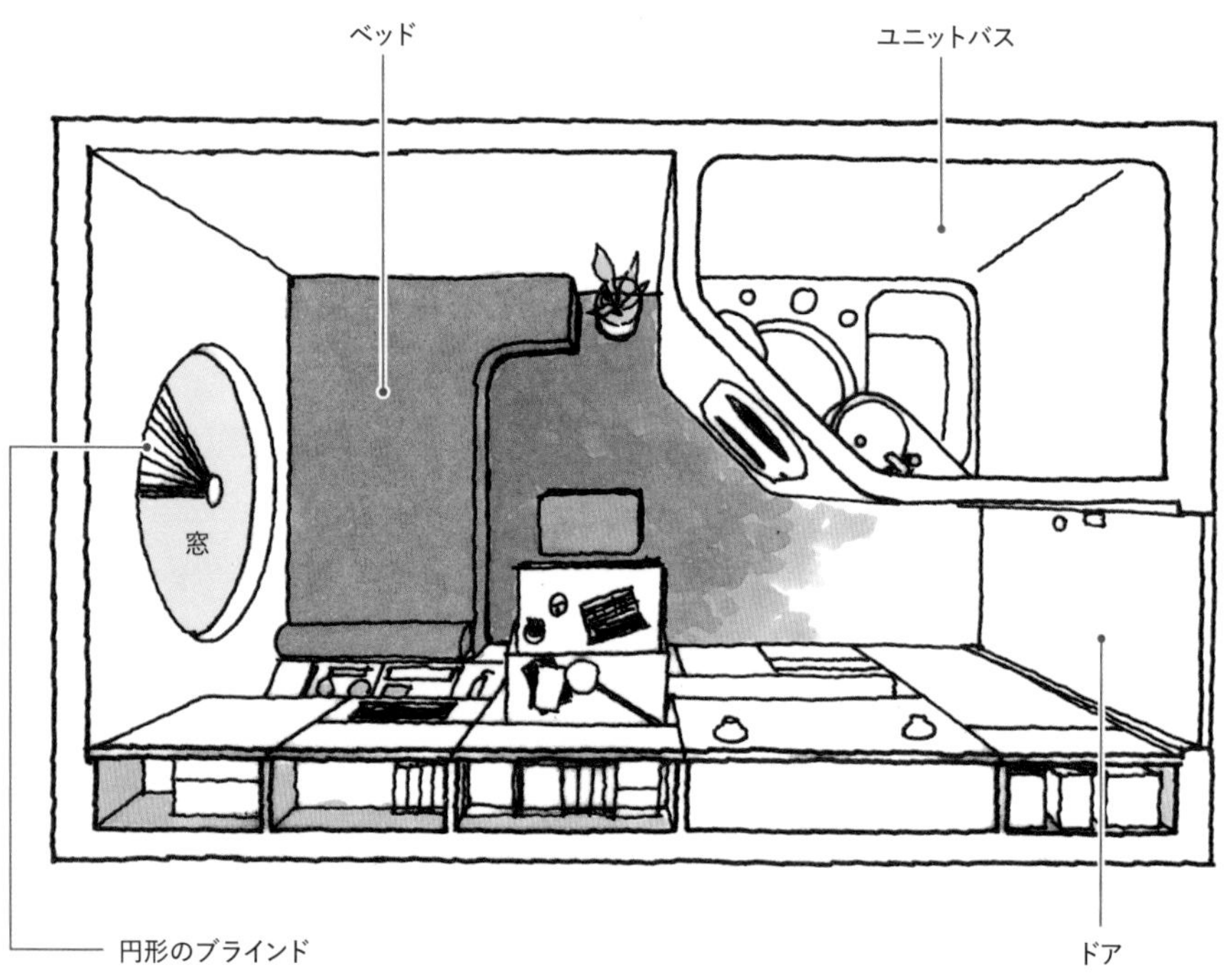

室内の面積は10㎡。外寸は高さ2.5m×幅2.5m×奥行き4m。

カプセルの内装

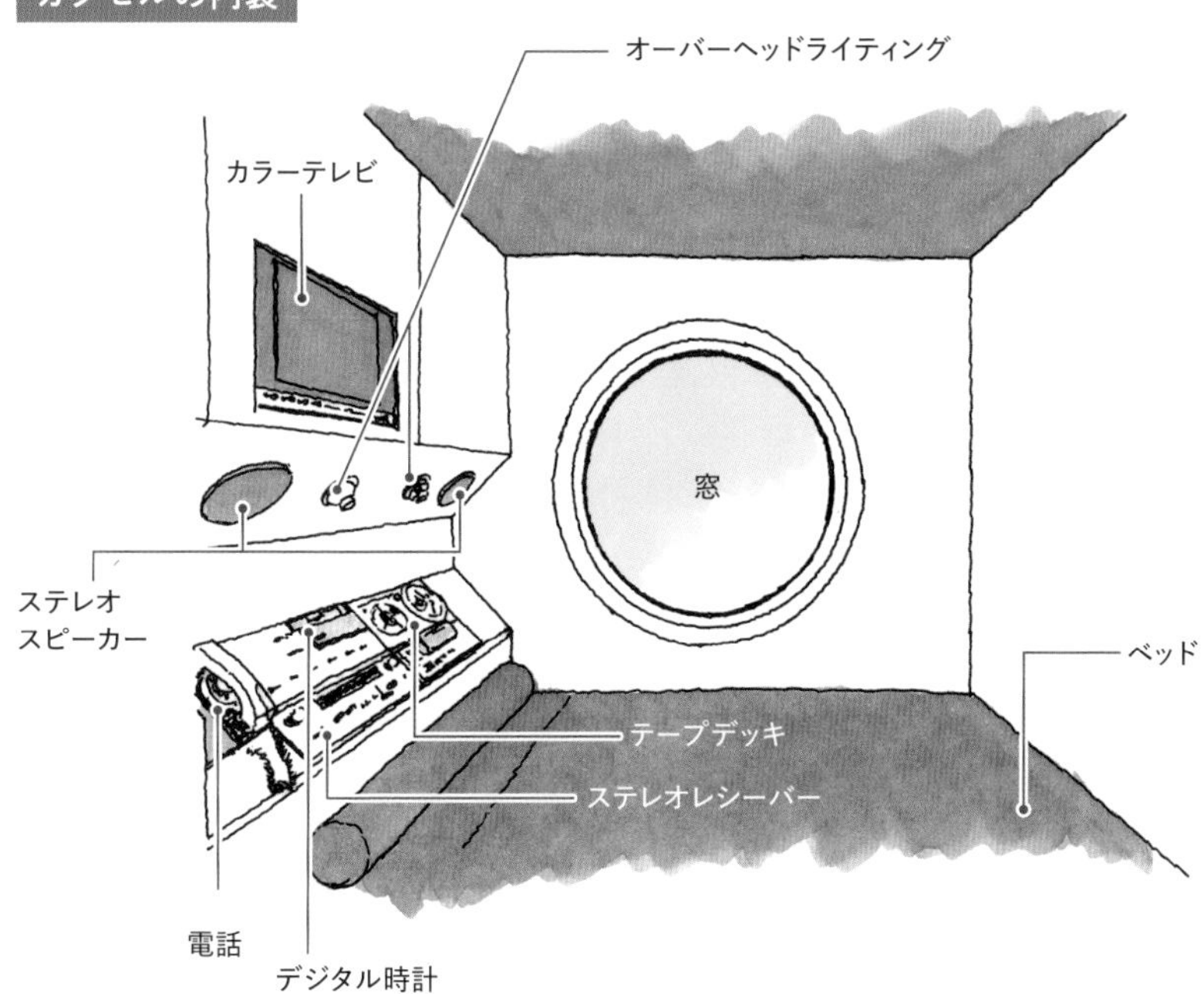

カプセルの一室

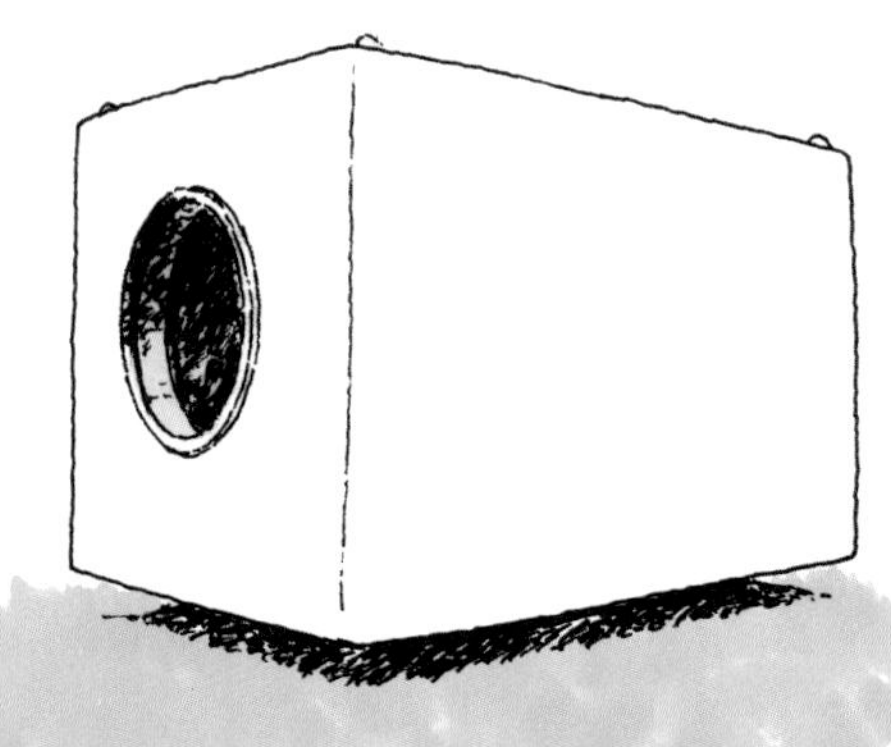

埼玉県北浦和公園には、かつて中銀カプセルタワービルの1階に住宅用モデルとして展示されていたカプセルの一室が展示されている。

第二部

ミステリを建築で読む

Architectural Mystery

Case. 01

山田風太郎作『明治断頭台』より「怪談築地ホテル館」

【 怪談築地ホテル館 】

1978年雑誌〈オール讀物〉に連載された『明治断頭台』中の一編。実在した築地ホテル館は、作中では物語に合わせて変形されている。このイラストでは螺旋階段は2階廣間から立ち上がっているが、作中の描写では1階からで、2階廣間は存在しないように思われる。

ここからはいよいよ、フィクションの中の建築の話になりますが、その前に、第一部では特に定義もしないまま使ってきた、「ミステリ」とか「探偵小説」とかいうことばの意味を明確にしておくべきでしょうか。

明治の日本に翻案という形で紹介されることから始まったそれらの小説は、英語のdetective storyを直訳して「探偵小説」と呼ばれました。戦後になって「推理小説」ということばがこれに代わったのは、「偵」の字が当初当用漢字表になかったからですが[※1]、現在ではもう少し広く、柔軟な印象のある「ミステリ（またはミステリー）」が多く用いられています。そしてその定義については、近代日本の探偵小説界に創作と評論、両面で余人を持って代えがたい足跡を残した江戸川乱歩の、それを挙げておくことにします。

探偵小説とは、主として犯罪に関する難解な秘密が、論理的に、徐々に解かれていく経路の面白さを主眼とする文学である。[※2]

もちろんどんな定義にも例外があるのは当然のことなので、むしろ例外を炙(あぶ)り出すために定義がある、といっていいでしょう。ですがこの本の狙いはどこまでも、ミステリを登場する建築に焦点を絞って読むことなので、これ以上些末(さまつ)なところには足を踏み入れないとします。

物語のあらすじにはごく簡単に、必要な部分しか触れません。犯人は誰か、どんなトリックが使われたかといったことも、可能な限りわからないようにしますので、なにやらもどかしいと感じられるかも知れませんが、興味を持たれた場合は、ぜひその作品を、ご自身で読んでいただくようお願いします。

逆にミステリを読み慣れた方、その作品をすでに読んでおられる方は、肝心の本筋とは関わりない重箱の隅をつつくような書き方に呆れられるかも知れませんが、そこがこの本の眼目ですから、ひとつそういうものと諦めてお付き合いください。

最初に登場するのが築地ホテル館です。〈建築知識〉連載のときは、第一回で実在したホテルの話をもっぱらして、ほんのついでのようにそこを舞台にした小説に触れたのですが、編集部からのご要望で予定を変え、第二回にその小説のことを書きました。山田風太郎の『明治断頭台』という連作短編ミステリの第三話がこの建物を舞台としていて、タイトルは「怪談築地ホテル館」。今回の書籍化では順番を入れ替えています。

ホテルの中はがらんとして、（中略）**何か西洋の寺院のような感じがした。**

その印象をいっそう深めたのは、ホテルの中央部にある大ホールであった。そのまんなかに、吹きぬけの大天井まで直径一メートルはある巨大な木の円柱が立ち、これをめぐって階段がとりつけられている。塔へ上る回り階段である。（中略）**このホテルは木造建築である。**

支柱としてむろん鉄など使用してはいない。そこで高い塔へ直接上る手段として、この太い中心柱にらせん螺旋階段を巻きつけるというのは、たしかに独創的なアイデアにちがいなかった。（中略）**階段はなかなか急だ。しかも狭い。幅は一メートル足らずで、二人ならんでは歩けない。それでも両側には、ツルツルしたチーク材の細く優雅な手摺がとりつけてあった。**（中略）**塔の屋根までは三十メートル近くあった。**（中略）**この塔屋の四方、どの面にも、火燈（かとう）形の大きなガラス窓がある。**[※3]

物語の主人公たちが、高所からの眺めを楽しもうと上がったホテルの塔ですが、その数日後に事件が起こります。螺旋階段の下に、**凄まじい流血の中に、明らかに腹部を斬られ、臓腑さえも溢れさせた**死体が横たわっているのです。**ぶちまけられた鮮血が、床はむろん、階段の五、六段までしぶき、**（中略）**足もとに、刃渡り三尺はあろうと思われる血まみれの一本の刀身と、そばに大きな朴歯下駄が二つころがっている**[※3]という、世にも凄まじい殺人現場です。

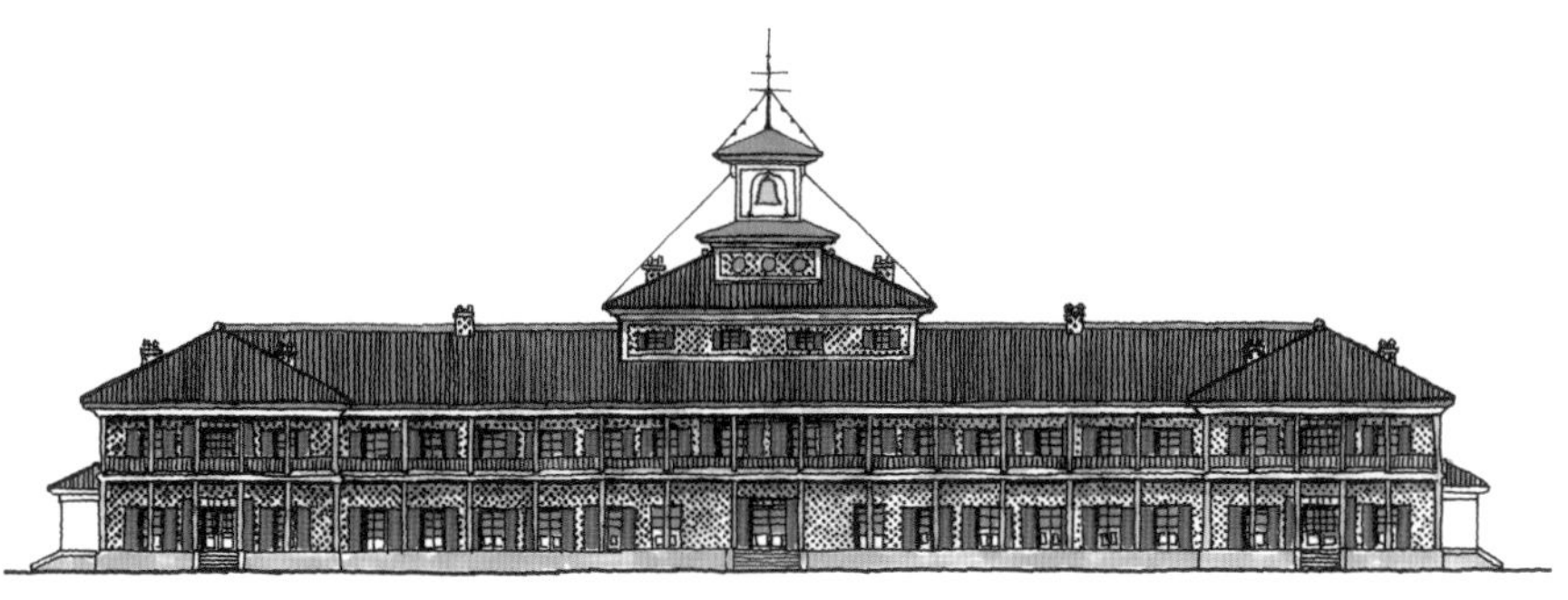

築地ホテル館の立面図

時は明治二年、二百六十五年続いた徳川幕府が倒れ、江戸が東京と名を変えてようやく一年という頃。政府の権力はもっぱら薩摩長州出身者に独占され、敗者たちの怨嗟の声は巷に渦巻いている。殺されたのは明治政府の下級役人だが、元は肥後熊本細川藩の武士で、彼を兄の敵（かたき）と付け狙う男はそのとき塔上の展望室にいた。しかし狭く急な螺旋階段を、瞬時に駆け下りて殺人を犯し、またすぐ駆け上ることは不可能。しかもその男には、被害者を胴斬りにするほどの剣の腕もない。果たして事件の真相は——

山田風太郎といえば、『柳生忍法帖』『甲賀忍法帖』などの忍法ものでブームを築いた作家としてご記憶の方も多いと思いますが、カバーしたジャンルは大変に広く、戦後日本を舞台にした社会派推理もあれば、ロジカルなミステリもあり、時代小説、歴史小説、伝奇幻想小説、ノンフィクションなど、いずれも乾いたユーモアと黒い哄笑に彩られた奇想の作品群です。そして中でも比較的晩年に発表された「明治もの」と呼ばれる一群は、間違いなく全風太郎作品中のピークと呼んで過言ではありません。

『明治断頭台』は一九七八年、雑誌〈オール讀物〉に連載されました。主要登場人物が共通する一話完結のミステリ短編が、結末に至って百八十度覆され、驚愕の真相とともに鮮血の花と開いて閉じられる魔術的作品です。構造は端正。ただしちりばめられた物語も登場人物も、一筋縄ではいきませんから、いちいち説明はいたしません。絶対損はしませんから未読の方はぜひ、とお勧めしておいて、ここでは作中の舞台である築地ホテル館についてのみ焦点を当てます。

実在したホテル館については、堀越三郎著『明治初期の洋風建築』の推定平面図に依拠して考察を行いましたが、この小説のことは簡単に紹介するだけのつもりだった、というのは、風太郎先生の登場させたホテル館が、実在していたと考えられるホテル館とは大きく違っているからです。それも風太郎先生の叙述に現れた齟齬(そご)は厨房の位置という程度のささやかなものではなく、そもそも小説の主舞台となったホテル館の塔屋の構造、ひいてはホテル館全体の構造なのです。

「怪談築地ホテル館」から引用した部分を読めばおわかりのように、先生はホテルの中央にある大ホールの真ん中に木製の大円柱が立ち、塔へ上る螺旋階段が巻きついている、と書いています。つまり大ホールの上は、**火燈(かとう)形の大きなガラス窓**がある塔上の展望室まで、螺旋階段の通じる吹き抜けだということになります。

ここで、『明治初期の洋風建築』掲載の図からリライトした、実在した築地ホテル館の一、二階平面図（二十ページと二十二ページ）、及び断面図（九十八ページ上図）をご覧下さい。正面玄関を入ると目の前に二階への大階段があり、それは途中の踊り場で左右に分かれて二階廊下に達します。塔に登る螺旋階段の登り口は正面玄関ホール真上の二階フロアの、大階段とは壁を隔てた反対側に開いています。そこは客室ではなく、ガラスの嵌まったドアの外は海と庭園を見おろすヴェランダですから、使うとしたら談話室、サロンといった空間でしょ

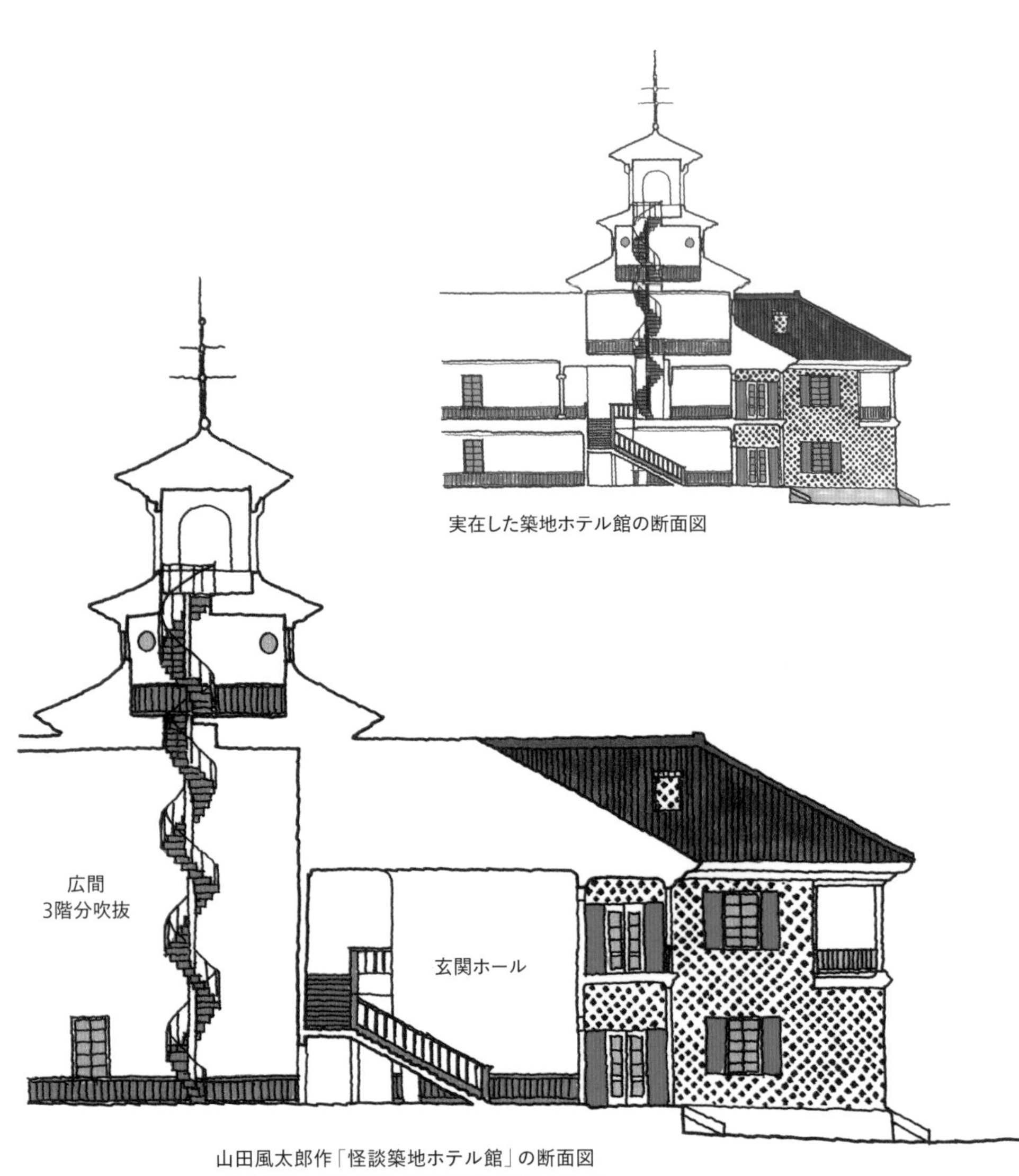

実在した築地ホテル館の断面図

山田風太郎作「怪談築地ホテル館」の断面図
塔の位置と螺旋階段の状態が変更されている。

う。つまり実在したホテルでは、塔は大ホール＝廣間の上ではなく、玄関ホールの真上に乗っていたはずです。

ですが風太郎先生の築地ホテル館の描写を読むと、先生の資料は私が参照しているのと同じ『明治初期の洋風建築』がメインであることは、まず間違いありません。「怪談築地ホテル館」では、

そのころ刊行されたサムエル・モスマンの「新しい日本」にこの建物の説明があるから、それを借りるとしよう。意訳すれば、次の通りだ。[※3]

として、ホテルの規模や設備、宿泊代などを説明するくだりは、『明治初期の洋風建築』に「NEW JAPAN, Samuel Mossman」として引用されている英文を訳したものです。塔の高さを**三十メートル近くあった**とするのも、『明治初期の洋風建築』の推定値、九四尺に従っていると思われます。

九十八ページ上図はこの本に掲載されている推定断面図で、二階から始まった螺旋階段が、三階四階を貫いて五層目の展望室に届くところが、明確に図示されています。ということは、**ホテルの中央部にある大ホール**が塔のいただきの展望室まで吹抜けで、そこに螺旋階段が巻きついた大円柱がそびえているという情景は、実在した築地ホテル館には存在してい

なかったことを、先生は百も承知でいらしたわけです。

また実在したホテル館では、中央部の一、二階に同面積の廣間がありましたが、小説では**大ホール**とあるだけで、階数は書かれていません。ともあれ、「怪談築地ホテル館」の読者が唖然茫然となるだろう前代未聞の殺人トリックには、この螺旋階段が使われています。

トリックそのものは、実在したホテル館の螺旋階段でも可能ではないかと思われるのですが、物語のクライマックスではその血臭も消えぬ殺害現場に関係者が呼び集められ、普通のミステリなら名探偵がおもむろに真相を言い当て、真犯人を指し示すだろうシーンが展開されます。その詳細は省かせていただきますが、とにかくその場面を想像したとき、それがガラスから外光の入る、明るくこじんまりした居心地の良さそうなサロンでは、絶対に似つかわしくない。**巨大な円柱の立つ寺院のような大広間**が必要なのです［太字部分はいずれも※3］。

建物の中央に大きな吹抜けがあって、その空間を回り階段が上がっていき、周囲に部屋があるという形式は、ホテル館とはだいぶ時代が違いますが、京都、東山にある旧松風嘉定(しょうふうかじょう)邸（武田五一(たけだごいち)作　一九一四）なども思い出されます。意匠的には和洋折衷ながら、空間の構成原理は完全に洋風の大邸宅です。※4

また、螺旋階段ではありませんが、仏教寺院の五重塔などは、塔のいただきから最下層までを貫く心柱がつきものですから、大円柱の突き立つ吹抜けの大空間は、五重塔の内部空間を思い切って拡張したような、とも考えられます。

あるいは大寺院の本尊を祀った金堂などなら、天井は張られず、見上げれば梁や木組みがそのまま目に入り、屋根を支える円柱が梁と繋がるのも見える場合がありますから、これを高塔の中央部に穿たれた吹抜けに見立てることも可能でしょう。

小説の描写に沿って想像するなら、さびれた大きすぎる寺院のようなホテルの中に出現した、巨大な吹抜けの空間。そこにそびえ立つ大円柱の周囲に、大蛇のように絡みつく階段の螺旋。その下に、あたかも旧時代の刀の試し斬りにかけたがごとく、胴を真ふたつに断ち割られて血にまみれ、内臓をはみ出させた死体が横たわる、月岡芳年（つきおかよしとし）の無惨絵もかくやという情景には、やはり周囲に充分な空間の開けた、がらんとした空っぽの大広間が欲しいところではありませんか。その生々しい記憶と共に、犯人が指摘され、奇想炸裂のトリックが明らかになるのです。

小説というのはたとえ歴史小説でも、史実にこだわりすぎることは要らないと思います。ことばの魔力による想像力の飛翔、いかに大きな、見事な嘘がつけるかこそ、小説家の腕の見せ所でしょう。

山田風太郎の明治小説は、江戸から明治へという大きな変革の時代に生き、死んだ有名無名の人々の息遣いを活写し、私たちに束の間、過去の幻影を見せてくれます。同時にそこには、太平洋戦争の敗戦によって激変した日本で、変わる社会の荒波をなんとかやり過ごしながら、せこく、みじめに、されどしたたかに、生きていかねばならなかった我々の親たち、祖父母たち、昭和の庶民の姿が重ねられていたような気がします。

大いなる説、公式に認められた正史からこぼれおちた、ささやかな説話を「小説」と呼びます。勝者に対する敗者、権力を手にする者に対する名も無き民、世の移ろいの網から抜け落ちるもの、弱いもの、敗れるもの、消えていくものの声を拾い集め、書き留めることができるのも小説です。

これからミステリに登場する建築を取り上げていくのに、考えられる事実との齟齬を指摘する場合も少なからず出て来ますが、それは決して小説の欠点をあげつらおうというのではありません。そこに書き手の手腕が表れ、創意工夫が見えます。史実をたわめ、虚構を織り交ぜ、奇想をまとうことで初めて形を成す物語がある。そして虚構でしか語れない真実があります。

※1『日本ミステリー事典』権田萬治・新保博久監修　新潮社　2000
※2『幻影城』江戸川乱歩　江戸川乱歩推理文庫　講談社　1987
※3『明治断頭台』山田風太郎明治小説全集第七巻　山田風太郎　ちくま文庫　筑摩書房　1997
※4『建築探偵・近代日本の洋館をさぐる』藤森照信　NHK人間大学　NHK出版　1998年10月〜12月テキスト

作者

山田風太郎
Yamada Futaro
(1922-2001)

1947年、探偵小説誌〈宝石〉の懸賞に投じた「達磨峠の事件」でデビュー。ブームとなった奇想天外な忍法帖シリーズの他、多彩な作品群で長らくエンターテインメント小説界を牽引した。

Architectural Mystery

Case. 02

横溝正史作『悪魔が来りて笛を吹く』

【 椿元子爵邸 】

名探偵金田一耕助が活躍する本格ミステリ。舞台となるのは東京・六本木の椿元子爵邸。1947年の世相を背景に、没落する華族の空襲に傷んだ屋敷が、敗戦の記憶を生々しく伝える。明治式の洋館に平屋の日本家屋が続くという描写から外観を再現した。

これは、日頃からミステリに関心のある方限定の話題になってしまいますが、「館もの」とか「館ミステリ」とかいう名称が存在します。新刊の帯コピーや、解説文などでも普通に見かけるので、ご記憶の方もおられるでしょう。しかしそれは比較的近年のことで、例えばタイトルに「館」の文字が含まれる綾辻行人作『十角館の殺人』（一九八七）が世に出た頃にはまだ存在していない用語でした。では「誰が」「いつから」使い出したか、定義はあるのかということになると、どうも明快な答えはないようです。以前、そうした方面に詳しそうなプロの評論家さんに、軽い気持ちで尋ねてみたのですが「そんな面倒くさいこと訊くんじゃないよッ（大意）」と叱られてしまいました。

仕方がないので勝手に最大公約数的な定義をつけてみますと、「広義の洋風建築（伝統的日本建築ではないもの）を主な舞台に、そこに集まった人間の中に被害者と犯人が含まれる形で完結するミステリ」というところでしょうか。つまりここでの「館」とは、イコール「西洋館」です。

ところが以前イタリアで、日本のミステリや幻想小説にも詳しい、日本語を解するイタリア人と会ったとき、自分が書いている小説について説明しようとして、この「西洋館」ということばの意味を外国人に説明することの難しさにはたと気づいて、遅まきながら呆然としたのでした。当たり前ですね。ヨーロッパに行けば、普通に建っている建物はすべて「西洋館」です。

しかし日本人が「西洋館」ということばを使ったとき、そこに含まれているニュアンスはかなり複雑で多様なもので、「伝統的日本建築ではない洋風な建築物」といっただけでは到底伝え切れません。自分の主観に限っていっても、子供の頃に眺めた「コンドルの旧古河邸」から、「怪人二十面相のアジト」などのフィクションの中のイメージ、絵画や映画の中で出会ったそれ、「擬洋風」「和洋折衷」といった名称で指示される実物の記憶まで、日本にあっては明らかに異物であることから生まれる正と負、「憧れ」や「恐怖」が分かちがたく絡みついています。「館ミステリ」という名称にも、それは決して無縁ではなく、早い話が「館ミステリ」とは日本だけに存在する、ミステリのサブ・ジャンルだろうと思うわけです。

　というあたりを枕にして、いよいよミステリに登場する建築を読んでいこうというわけですが、どの作品を取り上げるかが最初の迷いどころでした。いくら気をつけてもネタバラシの危険は皆無ではありませんから、作者が物故されている過去作品に限ろうとだけは決めていたのですが、特に国産のミステリの場合、建築についての描写が不十分だったり、矛盾していたりということが稀（まれ）ではありません。本格ミステリの驍将（ぎょうしょう）といわれた故鮎川哲也（あゆかわてつや）氏の作品でも、その中から建築に関わる描写を抽出しようとすると、驚くほど希薄です。つまりは作者の（読者も？）興味がそこにはないのだと思われます。

「誰が」「どうやって」が謎となって物語を牽引するタイプのミステリで、建築関係の描写が多くなるのは密室の犯罪が登場する作品です。そこにトリックが仕掛けられる場合があるので、読者が謎解きを試みるときのデータとして必要とされるわけです。ただし、その部屋がどんな風に密室化されているかは、推理の手がかりとして事細かに説明されても、建物の全体像とか、装飾とか、由来とか、トリックに関係ない細部は描かれないままです。そんなことが不満なのはおまえだけだろうといわれれば、まったくそのとおりで、これは無理を承知のいいがかりだということは、百も承知で書いていますので、どうかそのつもりで読んで下さい。

そうした中で横溝正史作『悪魔が来りて笛を吹く』は、いまでいえば完全に「館ミステリ」で、建築関係の細部データもかなり書きこまれています。初出は〈宝石〉連載（一九五一〜五三）。作中時間は一九四七年の一月から十月で、東京六本木の椿元子爵邸（華族制度はこの年の五月に廃止されています）を舞台に、主の不審な行動と失踪と死、密室殺人などが起こります。この小説から建築に関する記述を抜き出して整理しますが、以下太字は原文ママです。[※1]

椿家は維新後没落困窮したため、不動産は妻の実家で大名華族の新宮家の所有となっている。麻布六本木の交叉点から霞町に下る坂の右側、空襲で塀や庭木に被害を受けたが、**檜や柏の大木**が茂る庭の中に主屋はなお健在で、千二百坪の敷地内**に**、**古めかしい明治式二階建ての洋館と平屋建ての日本家屋**、**廊下続きの離れ**があり、その他屋敷の隅に以前は執事が住んでいた**粗末な和洋折衷の建物**がある。

明治式、ということばの正確な定義は不明確なものの、接客部の洋館に正玄関があり、棟続きの和館を生活空間とする和洋館併置型の邸宅だったと考えられます。外観を想像する手がかりもありませんが、明治に建てられたものならば、石塀についた門を通ってまず目に入るのは、堂々とした車寄せの玄関がある二階建ての西洋館で、日本家屋はその奥に、隠れるように建っていたと見ていいでしょう。

洋館内部は、一階に**煖炉**と**ソファ**、壁に**油絵**、**鏡をはめこんだマホガニー製の衝立**のある**だだっぴろい古風な応接室**。その廊下続きに**十六畳じきくらいの、奥に細長い洋間**があり、観音開きのドア上にガラス四枚の引き戸になった**換気窓**。ドアの正面にあるふたつの窓は**二重窓**で防音設備がほどこされ、**鎧扉**（よろいど）と、さらには**盗難よけの目の細かい鉄格子**がついている。

元は主がフルートを吹いたり作曲をしたりするためのアトリエとして使われていたので防音になっているというのですが、それにしては換気窓にその配慮がないとか、窓に鎧扉と鉄格子が両方あるのは構造的に無理ではないかとか、気になる点はありますが、この部屋を舞台に密室殺人が起きるので、窓からの出入りを否定するために、過剰な描写となったのでしょう。

接客部の洋館には応接室の他、客を迎えての会食に用いるダイニングルームが置かれるのが通常なので、この十六畳は元はそれだったのではないかと推定されます。作曲をしたならせめてピアノの一台くらいはあっても、と思いますが、経済的な理由で手放したのかも知れません。

応接室を出ていちど曲がったところに、二階へあがる階段があり、二階には主の**書斎**と、**ふたつ三つ部屋**がある。主の書斎がサブの接客室として使われることはあります。書斎は階段を上って**いちばんとっつきの部屋**とあり、この位置も接客兼用だったためと考えられます。並びの部屋についての説明はありませんが、椿夫妻の関係はすでに冷え切っていたので、居室も寝室も別にしていて、洋館二階の書斎に続く部屋は主ひとりのプライヴェートな部屋だったと考えていいと思います。

夜の庭で異変が起きたとき、書生が洋館の窓から庭に飛び出してきたという描写があるので、洋館内（門番代わりに玄関横とか）に書生部屋があったとも考えられますが、それ以上の描写はないので明らかではありません。

日本家屋についてはまったく描写がないが、椿夫人の居間と寝室の他に、娘の部屋と女性使用人ふたりの寝室があったはず。他に食事室としてちゃぶ台を置いた**ひろい茶の間**、**台所**と茶の間の次の間の**奉公人溜まり**、**厠**（かわや）、**勝手口**もあって家人の出入りは主にこちらが使われていたらしい。勝手口からは、塀に開いた裏口である**通用門**が近い。空襲で家を失った人々で溢れていた敗戦後の東京では珍しくないことだったが、離れには親類の老人が妾を連れて住み着き、もと執事の住まいだった別棟には夫人の兄と妻と息子が住んでいる。

その他敷地内にあるとして書かれているのは、書庫として使っている**蔵**。屋敷の隅の木立に覆われた場所に、二方向に出入り口がある四畳半ほどの広さの地下**防空壕**。そこから主屋への途中に半地下式の**ガラス張りの温室**（幅一間半、長さ四、五間）。橋の架かった**荒れ果てた池**。**日本ふうの庭園**。**胡麻穂垣**（ごまほがき）**の枝折り戸**（しおど）。

六本木は江戸時代には武家地で、その多くが明治になると華族の邸宅へと転用されました。麻布界隈には広大な大大名のお屋敷より、中層の旗本屋敷が多かったそうで、千二百坪という敷地面積も現実的といえそうですが、その中に執事の住まいも含め、総てが矛盾なく配置できるでしょうか。

再度整理しますと、洋館の主たる部屋は、推測混じりですが、玄関ホールと二階への階段、書生部屋、応接室と元のダイニングルーム、二階には書斎と寝室という構成で、廊下が日本家屋に通じているとします。平屋と指定されている日本家屋では、夫人に二間、娘に一間、女性使用人にそれぞれ小さめの一間、一家が集まれる広い茶の間、隣接する使用人溜まり、台所に厠、書かれてはいませんが、風呂は当然あったでしょうから、全部でかなりの広さが必要です。

廊下で繋がれた離れも、夫人の母親の隠居所として建てられたということなので、少なくとも二間に縁側、厠は要るでしょう。もと執事の住まいというのも、戦災で焼け出された夫婦と成人した息子が三人で暮らしているのですから、最低二間はあると考えたいところです。

自ら命を絶ったと見られた椿元子爵ですが、彼が生前最後に作ったのが「悪魔が来りて笛を吹く」と名付けられたフルート独奏曲でした。密室殺人の起きた夜、突然夜の庭からその音色が流れてきて、元子爵らしい人影が出没するのを、女中が目撃します。

この邸内には檜や柏の大木が、うっそうとして茂っている。もっとも戦災を受けて、そのうちの相当の部分が、くろく焼けただれて立ち枯れていたけれど、それでも多くの樹がのこっており、その下を歩くときはかなり暗かった。（中略）**お種は小走りに木の間を縫うて走っていたが、ふいにぎょっとして立ち止まった。**（中略）**すると、四、五間はなれた下草のなかから、ふいにむくむくとひとが立ち上がった。**（中略）**暗くてよくわからなかったが、相手は中肉中背の洋服を着た男であった。**[※1]

四、五間といえば、七メートルから九メートル。つまりそれくらいの空間があった、ということになります。これらの要素を矛盾なく、千二百坪の敷地の中に配置できるだろうか、と頭をひねってみたのですが、私には無理でした。

というわけで、椿元子爵邸の配置図平面図をお願いします、とイラスト担当の長沖充さんに丸投げしてしまったわけですが、リアリティという点ではいささか艶消しなどんでん返しがあります。

第二次世界大戦の空襲による焼失を免れたというのは、そういうこともあり得るかと思うのですが、庭や塀が傷んでいても、無傷で残った洋館付きの邸宅となると、進駐軍に住まいとして接収された可能性が高いのです。

皇居から車で四十五分以内で、それなりの広さがあり、設備の状態が良好な洋室のある住宅は、占領下の日本に駐留した米軍が必要とした高級将校らの住まいとして、強制的に借り上げられ、それが講和条約発効の一九五二年まで続きました。白羽の矢が立てられれば突然の引っ越しを迫られ、数日程度の猶予しかなく、家具の持ち出しも禁止されるなど、ずいぶんと理不尽な話でした。[※2]

その場合椿一家は、たぶん敷地の隅の**粗末な和洋折衷の建物**に肩を突き合わせて暮らすことになり、庭越しにアメリカ人の住む我が家を眺める羽目になったでしょう。敗戦国の民としてさぞや腹立たしい思いを味わったとは思いますが、気の合わない親戚と同居することにもならず、殺人事件が起こらなかったのだけは確かです。

※1 『悪魔が来りて笛を吹く』横溝正史　角川文庫　角川書店　1973
※2 『図説占領下の東京』佐藤洋一　ふくろうの本　河出書房新社　2006

作者

横溝正史
Yokomizo Seishi
(1902-1981)

雑誌〈新青年〉などの編集長を経て作家専業に。耽美的なスリラーや捕物帖を発表していた戦前から一変、戦後は金田一耕助を探偵役とする本格ミステリを執筆。70年代にはシリーズが文庫復刊され、メディアミックスによるブームが到来した。

椿元子爵邸の間取り

「麻布六本木にあり、六本木の交叉点から霞町の方へくだる坂の右側に、千二百坪ばかりの地所を占めている。このへんいったい戦災を受けたのだけれど、椿家だけはふしぎに焼けのこって…」。

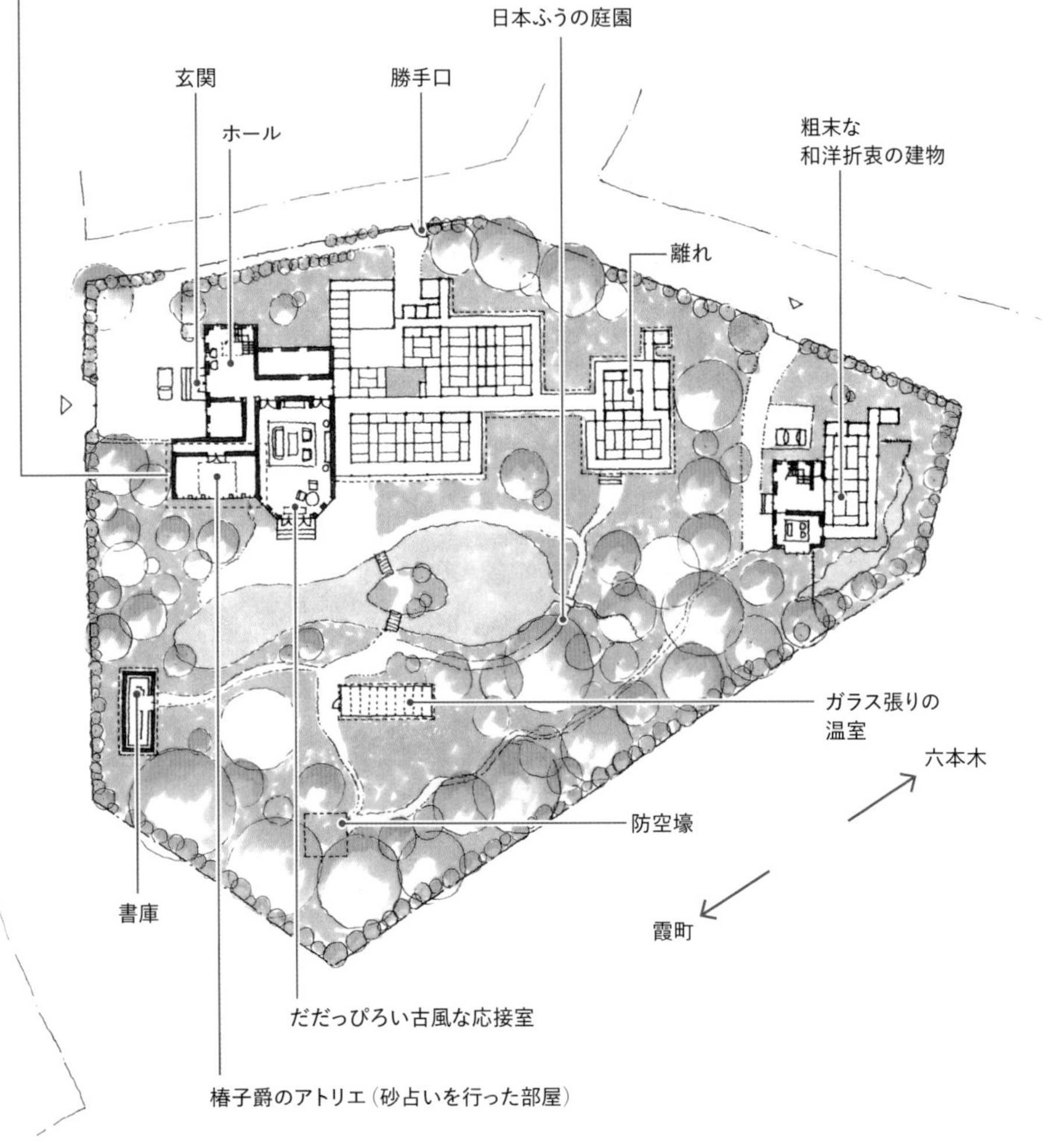

砂占いを行った部屋

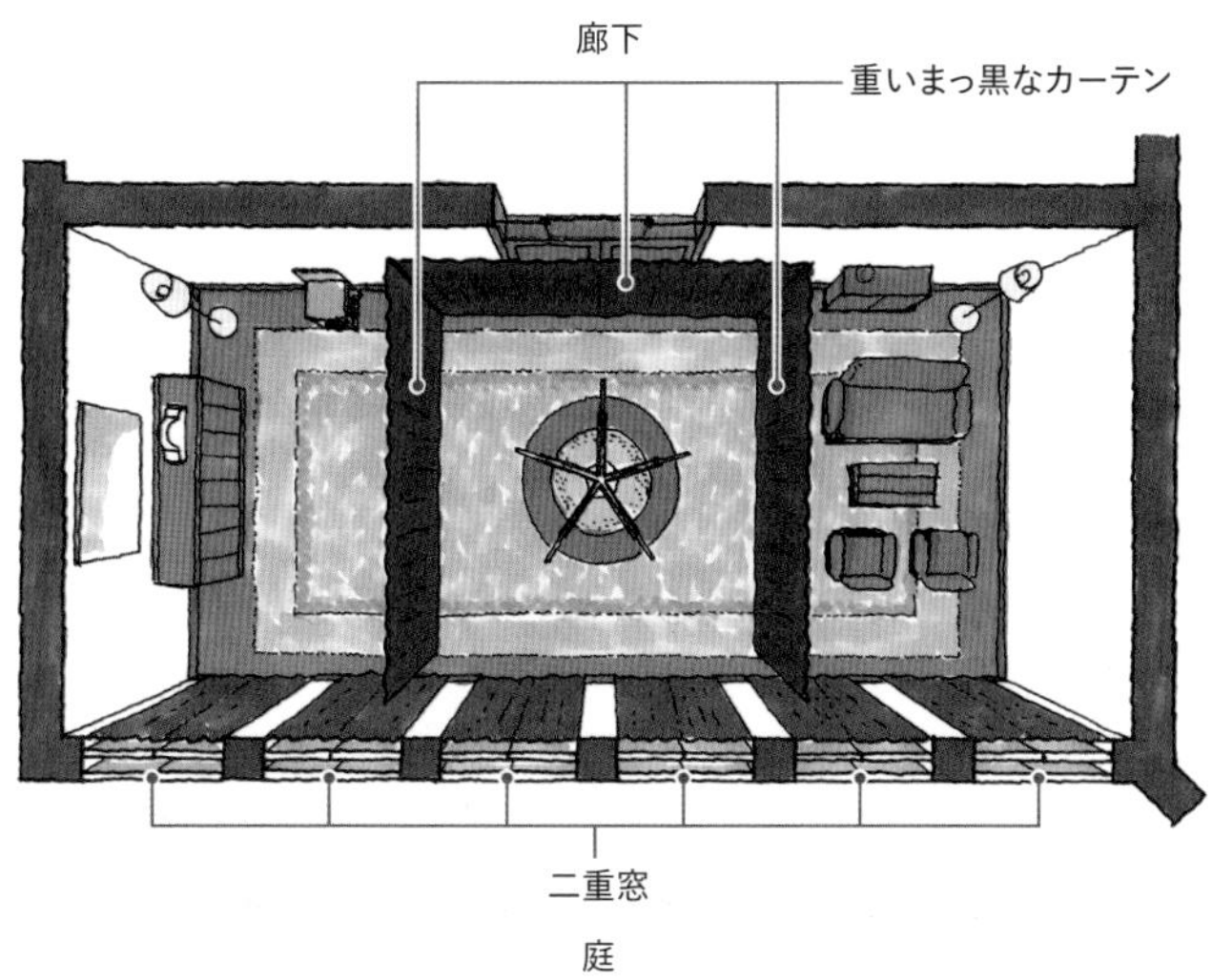

「その部屋というのは、だいたい十六畳じきくらいの、奥に細長い洋間で、廊下に向かった入り口には、観音びらきの、厚い樫のドアがついており、そのドアは内側から閂がはまるようになっている」。

砂占いの器具

「それは直径一メートル半もあろうかと思われる、大きな、浅い陶器の皿で、皿のなかにはいちめんに、白い、細かい砂がもられて、きれいに表面がならされていた」。

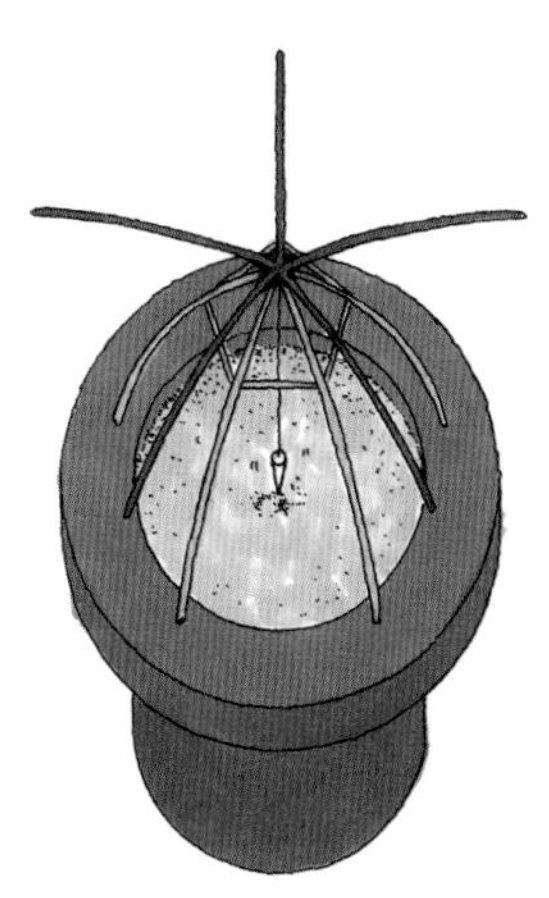

篠田真由美作『翡翠の城』

【 碧水閣（へきすいかく） 】

『翡翠の城』は本格ミステリ「建築探偵桜井京介の事件簿」シリーズの中の一作。群馬県山中の小さな湖のほとりに建つ明治の和洋折衷建築・碧水閣を巡って事件が起きる。パッラーディオ写しの洋館に入母屋造りの大屋根、という描写から外観を再現した。

翡翠色の水に面して建つ左右に長い瓦屋根。中央に抜き出た三階部分には入母屋の大屋根を重ね、左右の翼端には五重塔の頂のような寄棟の屋根が乗っている。その下には二階建てのパラッツォ。円柱を連ねたロッジアが全面を覆い、中央部には階段が張り出している。パッラーディオ様式を思わせる堂々たる洋館だった。ただ屋根を除けば。（中略）

床は畳。しかし部屋の構造や天井高は完全に洋室で、壁の一方には煖炉もある。天井からはシャンデリアも下がっている。天井も、壁も、すべてが照明を反映する金色に塗りこめられ、そこに桃山時代のふすま絵を思わせるあざやかな日本画が描かれている。四方の壁すべてが満開の枝垂れ桜だ。（中略）

障子の桟や、床の間の違い棚の部分が総て黒漆で塗られ、恐ろしく細かな螺鈿細工で覆われているのだ。光が当たると漆にはめこまれた貝のかけらが玉虫色にひかって、まるで無数の蝶が鱗粉を撒きながらはばたいているようだ。※1

前回、横溝正史作品が舞台とした邸宅について、なんだかんだと好き勝手なことを書き並べましたら、ご自分の作品で同じことをやってみてくださいと編集部から注文が来ました。『翡翠の城』でどうですか、と。

さあ大変。『翡翠の城』は、一九九四年から講談社で執筆した本格ミステリ、「建築探偵桜井京介の事件簿」というシリーズ中の作品ですが、ノベルスでの初出が一九九五年、改稿した文庫が二〇〇一年で、後者から数えても二十年以上経っています。自作を読み返すことはめったにしないし、まして二昔前となると、なにを思って作品を構想したかなどということは、きれいさっぱり忘れています。

　恐る恐るページをめくってみたら、なんというか違和感ありまくり。うわあ、これって建築的にあり？　リアル？　しかし電子書籍としては生きている作品なので、存じませんとすっとぼけるわけにもいかず、というわけで以下、頑張ってみます。

　上記引用に登場したのは群馬県利根郡片品村、丸沼（これは実在します）の北にある碧沼（みどりぬま）という小さな湖水のほとりに建つ、明治の和洋折衷建築、碧水閣（へきすいかく）。日光市内にあるクラシック・ホテルの創業者巨椋幹助（おぐらみきすけ）は、築地ホテル館の現場で働いた経験もある元宮大工。横浜でイタリア人建築家と知り合い、商機ありと見てホテル業に転身、彼の従妹カテリーナと結婚する。だが時は流れ、幹助とカテリーナの娘、九十五歳の真理亜（まりあ）が独り住む碧水閣に、彼女の入院にともなって取り壊しの話が起きる。W大大学院美術史学科に在籍する建築史研究者の卵、桜井京介は、卒業を前に修士論文で異端の建築家下田菊太郎を扱う予定だったが、碧水閣には下田が関与しているのではないかと考えられたところから、事業の後継者指名に揺れる血族内の暗闘に関わらざるを得なくなる……

巨椋家の歴史はすべてフィクションですが、下田菊太郎は実在した建築家です。一八六六年生まれ。一八八六年東京帝国大学工科大学造家学科に進んだが、教授辰野金吾との間にトラブルがあったといわれ、卒業を前にして退学渡米。ページ・ブラウン、D・H・バーナムの事務所で建築設計に従事し、アメリカ免許建築家試験に合格、一八九八年帰国。[※2]滞米中のフランク・ロイド・ライトとの関係、帝国ホテルの設計依頼の真相など、虚実定かならぬものの興味深い話は多々あるのですが、とても紙幅が足りません。ここでは彼が議院建築(現在の国会議事堂)のデザインとして議会に請願、提唱した『帝冠併合式』のことだけを書いておきます。

妻木頼黄(つまきよりなか)、辰野金吾という当時の建築界の大御所ふたりが相次いで世を去った後も、容易に形をなさなかった議院建築ですが、コンペティションの当選案に不満を抱いた下田は、自らの案を小冊子などの形で公表し、世に問おうとします。それは、

帝冠併合式は(中略)**先づ全体の意匠として固有の日本式を用ゆるの根本観念を確立したる後ち**(中略)**胸壁工事に付ては我が欠点を補ふに堅実なる羅馬式を以てし、四隅の屋上には全意匠上より達観して城郭式を採用するも古欧柱型、窓等洋式の美点を採用し、中央屋蓋に至りては**(中略)**宮殿本型紫宸殿様式を備へ**[※3](後略)

というものでした。いたずらに異なる様式を混ぜ合わせるのではなく、それぞれの長所を消化吸収融合することで**萬邦無比の国体を表現**するのだとは彼の自賛の弁でしたが、造家学科の三年後輩に当たる伊東忠太は、これを**畸形の捏造物**、**様式構造共に不合理**、**国辱**とまで酷評します。[※4]

伊東の容赦ない非難の口調から、彼の師でもある辰野に楯突いて大学を中退し、日本建築界の主流からドロップアウトした下田への、否定的感情を読み取るのは決して邪推ではなかろうと思います。なぜなら、明治から始まる日本の近代建築史を再度たどりかえしてみると、西洋風の壁+和風の瓦屋根というタイプの和洋折衷建築は、初めて見るものではないしこれが最後でもない、ということに嫌でも気づかされるからです。

築地ホテル館がそもそもそれでしたし、三国の龍翔小学校と同時期、全国に建てられた擬洋風の学校建築でも、漆喰塗りに縦長窓を並べた洋風壁に、傾斜をつけた瓦屋根が組み合わされていました。一八九六年にドイツ人建築家エンデ&ベックマンの建てたネオバロックの裁判所には、壁体はそのまま、上に唐破風と瓦の大屋根を載せた計画案の立面図が残されていますが、これは日本人建築家から**和七洋三の奇図**と非難を浴びました。[※5]

帝冠併合式を声高に否定した伊東ですが、彼の実作は非常に多彩で、赤煉瓦と白石のクイーン・アン風壁体に和の要素を織り交ぜ、ムガール建築のドームを載せた伝道院、ロマネスク様式の一橋大学兼松講堂、祇園祭の山鉾そっくりの祇園閣など奔放を極めます。また靖国神社遊就館や震災慰霊堂（現・東京都慰霊堂）は、明らかに洋風壁＋瓦屋根です。[※6] 伊東は「**建築進化の原則より見たる我邦建築の前途**」で、「**折衷主義**」を否定して「**進化主義**」を論じました。洋の壁に和の屋根を継ぐのは「**機械的混合**」であり、両者の「**化学的融合**」が望ましい。**建築進化の原則に順って、その材料と構造を改善し、その意匠を変更して形式手法を革新して行ったならば一種獨殊の完美なる新スタイルを大成することを得るであろう**というのです。[※7]

一九三〇年代に実施された建築のコンペでは、**日本趣味を基調とする東洋式とすること**といった条件の課されることがあり、和風を出すなら瓦屋根というわけで、この時代一種の流行となり、帝冠式と呼ばれました。[※8] 一九三七年の渡辺仁（わたなべひとし）作東京帝室博物館はいまも東京国立博物館本館として見ることができ、藤森照信氏はこれを**壁体においても和風をたくみにとり込ん**でいる、進化主義の掉尾（ちょうび）を飾るにふさわしい作品と評しますが、[※9] 洋風壁体に瓦屋根であることに違いはなく、東京国立博物館の公式サイトでも本館の建物を帝冠式と説明しています。[※10] 素人目には同じように見えてしまうのですね。

下田は建築家としては不遇のまま一九三一年に没し、彼の帝冠併合式は帝冠式流行の時期にはすでに忘れられていましたが、戦中に、日本が支配していた海外領土を含め、建設された帝冠式建築は第二次大戦後、「大東亜共栄圏の盟主」といった戦中の思想と結びつけられ、日本のファシズム建築として批判の対象となりました。[※8] その評価が正当か否かは議論の分かれるところだとしても、下田菊太郎にさえ、彼の与り知らぬところで悪しきイメージが降りかかったらしいのは、彼の建築家人生について回った不運の中でも小さいとはいえないことでした。[※2] それも様式の折衷という、ことばでどう表現してみても、どこか胡散臭さの漂う建築が招き寄せたものだったのかも知れません。

『翡翠の城』の中では、イタリア人建築家が湖畔に建てたアンドレア・パッラーディオ写しのヴィラを、建築家が去った後に持ち主が改造し、建物の上に和風の瓦屋根をかけ、さらに室内を極彩色の鏝絵（こてえ）や浮き彫り、障壁画で飾り立てて、和洋折衷建築に変えてしまったという話になっています。イメージは東京目黒の雅叙園（がじょえん）の百段階段の座敷の床や煖炉回りに見られる、あの絢爛豪華だけど少し泥臭く俗っぽくて、空間恐怖的な、みっしり詰まった装飾でした。技術的にそういうことが可能かどうかなあ、といまにしては思いますが、それはともかく、なぜ幹助はそんなことをしたのか、というのがミステリとしての最大の謎なので、ここでは内緒ということにさせてください。その改装に下田菊太郎が関わったか、あるいは改装された洋館＋瓦屋根に触発されて帝冠併合式を発想したのかも知れないというわけです。

日本人男性と外国人女性の結婚から、その女性にゆかりの西洋建築が建てられたという例は、現実ですと青木周蔵（あおきしゅうぞう）別邸があります。栃木県那須に建設され、一時は廃墟化して取り壊しの危機に直面したが、いまはわずかに位置を変えて解体復元され、道の駅の施設として保存公開されています。ドイツに留学し、その後特命全権大使として長く異国に暮らした青木は、その地で結婚した貴族の令嬢エリザベートと共に帰国、一女をもうけました。那須別邸はドイツの土地貴族（ユンカー）の生活の、日本での再現を目指したもののようで、移築により少し短くなった館に至る直線の並木道に往時を忍ぶことができます。

ミステリですと、小栗虫太郎（おぐりむしたろう）の『黒死館殺人事件』がまさしくこのパターンで、欧州留学から帰国した医学者降矢木算哲（ふりやぎさんてつ）が、結婚して日本へ連れ帰ろうとした（ただし旅の途中で病死）フランス人女性テレーズ・シニョレのために建てた未曾有の大建築黒死館が舞台となります。国産ミステリにおける異国趣味（エグゾティスム）の発露の典型、というわけですが、この話はまた稿を改めます。

※1 『翡翠の城』篠田真由美　講談社ノベルス　講談社　1995

※2 〈新建築〉創業50周年記念特別号　日本近代建築史再考　新建築社　1974

※3 『思想ト建築』下田菊太郎　私家版　1928

※4 『伊東忠太建築文献 第六巻 論叢・随想・漫筆』伊東忠太　龍吟社　1936

※5 『明治の東京計画』藤森照信　同時代ライブラリー　岩波書店　1990

※6 『建築巨人 伊東忠太』読売新聞社編　読売新聞社　1993

※7 「建築進化の原則より見たる我邦建築の前途」伊東忠太　〈建築雑誌〉二六五号（明治四二年一月号）日本建築学会　1909

※8 『戦時下日本の建築家 アート・キッチュ・ジャパネスク』井上章一　朝日選書　朝日新聞社　1995

※9 『日本の近代建築 下 大正・昭和編』藤森照信　岩波新書 岩波書店　1993

※10 東京国立博物館HP　https://www.tnm.jp

設計者

下田菊太郎
Shimoda Kikutaro
(1866-1931)

狷介な性のゆえもあってか、生涯にわたって不運の人だった。憤怒と怨念に満ちた人生は、自らを「建築界の黒羊」と自嘲した私家版の著作『思想ト建築』からも伺い知れるが、日本国内に唯一現存する作品、香港上海銀行長崎支店は、意外なほど端正にして優雅な姿をいまも見せている。

下田菊太郎の提案した帝国議会
（現・国会議事堂）

古典主義の建築に入母屋、唐破風、千鳥破風を組み合わせた屋根を載せた「帝冠併合式」の建築。

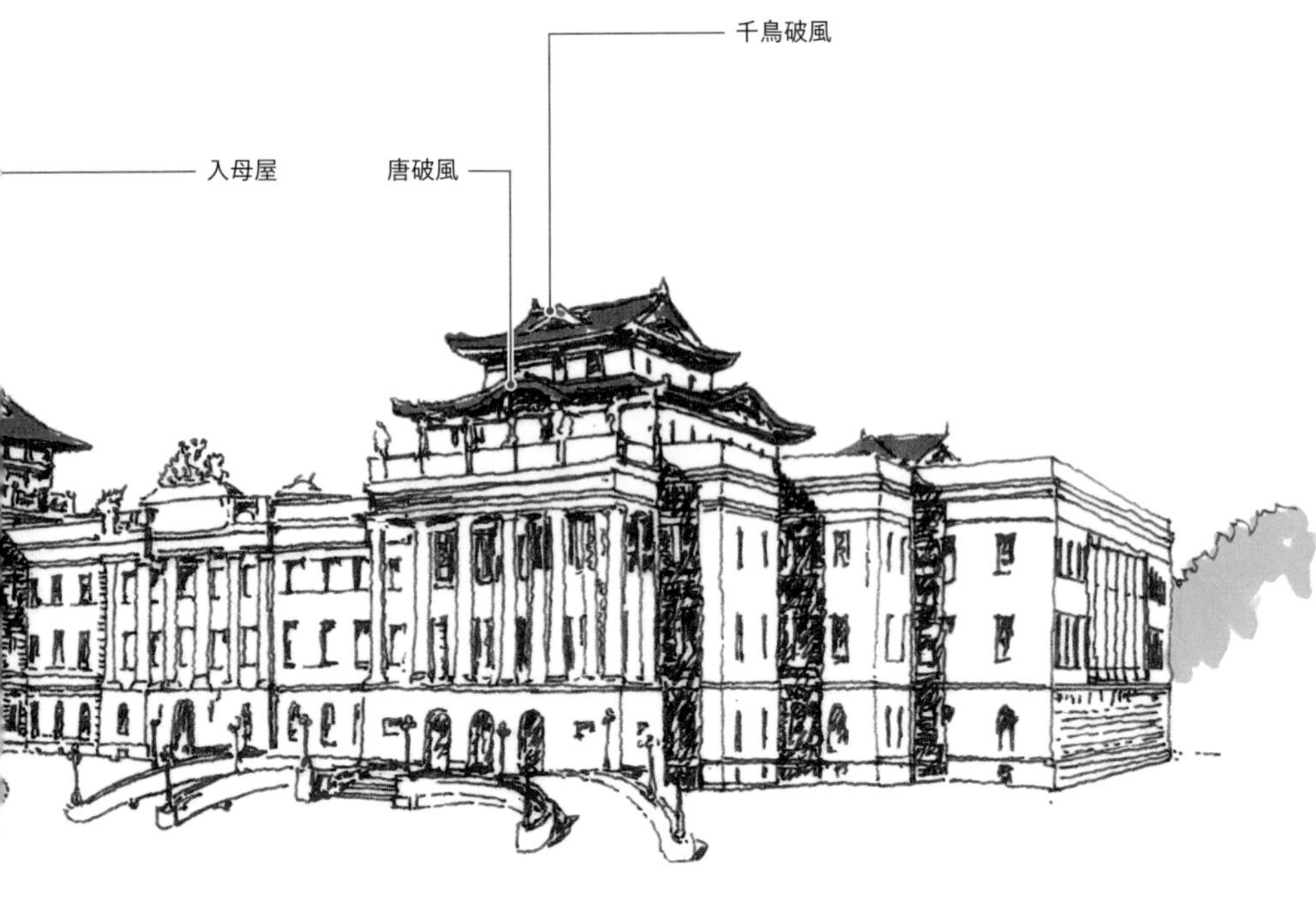

碧水閣の内観

「障子の桟や、床の間の違い棚の部分が総て黒漆で塗られ、恐ろしく細かな螺鈿細工で覆われているのだ。光が当たると漆にはめこまれた貝のかけらが玉虫色にひかって、まるで無数の蝶が鱗粉を撒きながらはばたいているようだ」。荘厳な内観の描写を、目黒雅叙園の百段階段をモデルに再現した。

ディクスン・カー作『髑髏城』

【 髑髏城 】

「髑髏城！　これほどかれにふさわしい名称があろうか。ラインの川幅が、もっともせばまり、激湍がうずまくところ、亭々たる青松を背景に、巨岩の屹立するのがみられる。その上にそそり立つのがこの孤城だ」※1

かれは、大金を投じて、髑髏城を入手した。ライン川のほとり、コブレンツの町から数マイルの距離にある古城だ。（中略）**実際に、髑髏そっくりのかっこうをしておるんだ。正面から見ると、たしかにしゃりこうべそのものだ。目も鼻も、歯をむき出しにした大きな口もとも、残らずちゃんと備わっている。その両側に、ぬっと突き立っている二つの塔は、大きな耳をぴんと張ったところだ。ぶきみな髑髏が、人間どもを嘲笑しながら、なにか下界の動物のうごきに聞き耳を立てているといったかっこうなのだ。**[※1]

『髑髏城』は、不可能犯罪の巨匠と呼ばれたアメリカ生まれの作家ジョン・ディクスン・カーが、一九三一年に発表した長編ミステリです。プロデビューからようやく三作目、四十年以上にわたって旺盛な執筆活動を続けた彼の作品群の中では若書きの部類であり、ミステリ愛好者からはあまり高い評価を受けていないようです。

戦前から日本にまだ未訳のカー作品を紹介し、賛辞を呈していた江戸川乱歩は、原書で読んだ作品を出来不出来で四つに分け、その中で**最もつまらない、探偵小説としての創意が乏しい**という第四位のグループに、『髑髏城』の原題『Castle Skull』を入れていますし、[※2]現代でも読み巧者といわれる作家北村薫（きたむらかおる）氏が、**大人向けの訳で読んで辟易しちゃいまして**、と情け容赦がありません。[※3]

全体にムード先行で、メロドラマ的な展開が続き、ミステリとしては肝心の、謎を解きほぐすロジックに粗さがある、というのが減点の理由ではないかと推測するのですが（もちろんこれとはまったく相反する評価もあります）、この稿の主旨はどこまでも「ミステリを建築で読む」なので、そこは気にしないことにしました。

私がこの作品と出会ったのは十歳の頃で、「髑髏のかたちをした古城」という奇想天外なアイディアに魅了され、繰り返しページをめくった記憶があります。当時、マイ・ヒーローはアルセーヌ・ルパンでした。ディクスン・カー最初のシリーズ探偵で、『髑髏城』で活躍するパリ警察の予審判事アンリ・バンコランは、悪魔的などと呼ばれる残酷な性格の持ち主と設定されていますが、この作品では特にそうした印象はありません。公職に就きながら杓子定規な法の番人ではなく、自ら信ずる正義に基づいて行動するあたりに、そこはかとないルパンっぽさが感じられ、子供の私が『髑髏城』を好きになった理由のひとつもそこにあったようです。

ところが久し振りに書架から本を取り出し、建築描写をメインに再読を始めたところ、これが予想外の難物でした。慣れ親しんだのは一九五九年初版の創元推理文庫ですが、二〇一五年に出た新訳と読み比べると、元がひとつの原文とは思えないほど差異があります。城の構造自体違って読めてしまう箇所が複数あって、ペーパーバックを入手して原文に当たらざるを得なくなりました。

カーは一九三〇年、友人と出かけたヨーロッパ旅行中に、ライン川のクルーズ船に乗っています。小説には視点人物のジェフ・マールが同じクルーズ船に乗り、初めて髑髏城を目にするシーンが描かれていますが、そこに作者自身の体験が反映していることは、まず間違いがないでしょう。そして若き日のカーは、このとき船上から眺めた東岸高くそびえる通称カッツェ城の外観に髑髏城の着想を得たのでは、というイラストレーター森咲郭公鳥（もりさきクークー）さんの説に触れ、なるほど！　と膝を打ちました。※4 眺める角度によるのですが、城を挟むように建つ二基の尖塔の間に、背後の上部が崩れて丸く見える天守が入ると、頭頂がドーム状の建築と、左右にそびえる円錐屋根の双塔という、作中の髑髏城にかなり近い絵が出来上がります。一四十ページのイラストは、実在するカッツェ城の遠景写真をトレースして、その位置に髑髏城を描いていただいたものです。

ですが作中に登場する城内の描写は原文でもわかりづらく、相互に矛盾している部分もあって、ヨーロッパ中世の城塞についての、少なくともこれを書いた時期の作者の知識はいささか危うい、という印象が否定できません。ライン巌上の巨大髑髏という壮大なイメージに較べて、城の内部構造の描写は曖昧で矛盾があり、立体性を欠いて書き割りのように平面的なのです。加えて旧訳が出た当時は、翻訳者にもその方面の知識が十分でなかったための、明らかな誤訳箇所も見受けられます。

髑髏城は十五世紀に建造されたが、城主は妖術師として焚殺されたというのが作中で語られる由来譚ですが、ライン河畔の城塞の多くはもっと古い時代に建てられているはずだとか、魔女狩りが盛んだった時代でも、城主の地位にある貴族が焚殺された例はない（死刑にも身分による差別があり、特に最後の審判での復活の可能性を絶つ火刑は最悪の処刑法で、貴族には用いられませんでした。例えば十五世紀の快楽殺人者として有名なフランスのジル・ド・レも、高い身分を考慮され、絞首刑から死体を形だけ焼いてすぐ火を遠ざけ埋葬、という破格の優遇措置が執られています）とか、そのへんだけでも突っこみどころは満載ですが、それ以前に髑髏をかたどった中世の城というのが、そもそも無理すぎでしょう。

城主は包囲された城からいくたびも魔法のように姿を消したので、それが妖術と疑われたというのですが、遠目にも眼窩と見える大窓が天守の塔に開き、胸壁上に現れた尖頭アーチの回廊が剥き出しの歯をかたどるという、こんな開放的な砦が実戦に耐えられたはずがありません。現存するライン川流域の城はいずれも窓などろくにない閉鎖的な造りですし、その時代にはガラスは非常な貴重品で、大きな板ガラスはまだ生産されていませんでした。

もっともカーにしても、そのあたりは百も承知だった、と考えることは可能です。一九一二年に城を手に入れた男メイルジャアの職業は、ヨーロッパで一世を風靡した稀代のマジシャン。悪魔学と魔法史の書物収集家で、そんな男が、**子供の時の夢を一生捨てなかったピーター・パンの同類、いたずらの天才。一年あまりの月日を費やして、あの廃墟にすっかり手を入れて、かれの希望どおりの幻想の城に改築してしまった。内部の構造が、どんな奇怪な秘密をはらんでいるか、うかがい知れん**[※1]というのです。ならば険しい斜面に造成された高さ九十フィートの城壁の上に、高々とそびえる髑髏を形どった円筒形の天守と、尖った耳に見立てられる左右の双塔は、上部が崩れ落ちて土台部分だけが残っていた城跡に丸ごと再建されたもので、壁体も組積造ならぬ表面に石を貼った鉄筋コンクリート造だったと考えてもいいのではないでしょうか。

外壁に開く髑髏の眼を表す大窓も、組積造では危ないけれど、鉄筋コンクリート造なら可能です。内部の贅を尽くしたしつらえ、漆喰塗りの真っ白な壁、紫檀の階段、黒

城内の螺旋階段のイメージ
髑髏の双耳をかたどった塔の中は螺旋階段。

檀の燭台、黒瑪瑙の床、象嵌細工の甲冑を飾った大階段、といった中世の城にはあり得ないものはすべて、メイルジャアの怪奇趣味の表れと考えればいいわけです。改築の工期がわずか一年余だという点、二重壁の間に隠し通路が存在すること（中世の城塞にしては壁が薄すぎる！）も、そうした推測を補強します。城主の妖術師疑惑による焚刑死という伝説も、新造の城に箔を付けるための創作だった、とすれば納得が行きます。

さらに城の最上階にある円形のサロンは、なんと天井がガラス張りのドームになっていて、そのために真昼に見る髑髏城の頭頂は、**目にまぶしいほどきらきらときらめいている**※1というのですが、これこそおよそ中世的とはいえません。しかしいくら中世っぽくないといっても、頭頂が丸くなかったら、天守の塔に目鼻歯をつけたところで髑髏には見えませんから、外観はすべてが新たに造られたものだったと解釈するしかありませんね。なに的かといえば十九世紀的。鉄骨と板ガラスの量産が可能にしたクリスタル・パレスを、もう一度思い出してください。ドームをいただいた円形平面の建築というなら、ロンドンに健在のロイヤル・アルバート・ホールがあります。一八七一年竣工の円形劇場の屋根部分は、鉄骨に支えられた平たいドーム状のガラス張りでした。カーの髑髏城のイメージの、ルーツのひとつはあそこにあるのでは、と想像しています。

中世趣味といっても、それはどこまでも意匠的な借用で、建築の資材や構造には頓着しない。夢想を形にするために、技術はためらいなく最新のものを駆使する。異国趣味をまとったモダニズム的な合理性、近代人のリアリズムが感じられます。

メイルジャアのステージは**見るからにおどろおどろしく、ひとり残らずの観客の背筋から水を浴びせかけるように、つねに妖気を漂わせている**[※1]というもので、舞台を降りても私生活は秘密の帷に包んで、素顔を窺わせることはなく、その術は舞台魔術(イリュージョン)ならぬ本物の魔法ではないかと、人々に信じさせることを望んでいるようでした。彼のマネージャーだった男は、メイルジャアは**超自然現象に特別の関心を持って、その研究に没頭していた**といいます。[※1]

しかし彼がマジシャンである以上、本音はオカルティストならぬ完全なリアリストだったはずであり、その技には種も仕掛けもあったはずです。**マジシャンとはマジシャンの役を演じている役者なのだ、**とは近代マジックの父ロベールウーダンのことばですが[※5]、メイルジャアは舞台を降りた後もメイルジャアという役を演じ続けていた。彼の髑髏城も鬼面人を驚かす古めかしい表層の下に、使える限りの新技術が忍ばせてあったと考える方がより面白く思えます。

彼が造り上げようとした髑髏城は魔術師メイルジャアの独り舞台、彼が幻影の城主として君臨する、美と驚異の魔法空間だったのでしょう。その見事すぎる企みが、彼自身の破滅を招き寄せてしまったというのは、なんとも皮肉な事態でした。

無人の廃墟と見えていた城は、物語の後半で息を吹き返します。映像化されたら絶対に見たいシーンです。旧・新訳とも少し不満があったので、ここは原文から試訳してみました。

灯りを点された髑髏城は息を呑む眺めだった。双眼は菫色のガラスをはめた巨大な楕円形の窓で、鼻は黄色の三角窓。歯をかたどった回廊も、すべてが悪魔めいた嘲り笑うような色合いに照らし出されている。

その灯りがほんの少しでもまたたくように動くと、髑髏の表情ががらりと変わった。片目がふざけたようにウィンクしたり、にやにや笑いが広がったり、かと思えば突然、狡猾で残忍な表情がひらめいて、動かぬ死者の顔となって凍りつく。※6

電気も来ていない城が、蝋燭の照明だけでそんなに明るくなるかな、とも思うのですが、この際野暮は言いっこなし。どれだけ「あり得ない」「おかしい」といってみても、印象的な幻影を生み出し、ありありと描写してみせる作家のイマジネーションの豊かさばかりは否定できません。

胸壁越しにライン川の絶景を見下ろす回廊は、数日前、魔術師の友人だったシェークスピア俳優が炎に包まれて、無惨な転落死を遂げた現場です。長い通路をたどって髑髏形の天守に入れば、白漆喰の壁には惨劇の痕を語る血の手痕が印されています。大階段を登れば、髑髏の眼である楕円の大窓がある晩餐室です。

ですが細かく書かれていればいるほど幻惑感を誘う（つまりいろいろ辻褄が合わない）城内の

構造を検討するだけのページはないので、そこはさくっと省略します。興味を持たれた方は、ぜひ原作をどうぞ。文章のムードは旧訳[※1]、正確さではほぼ直訳の新訳[※7]が勝ります（誤訳はどちらにもあります）。そこはお好みで。

狂騒に満ちた晩餐の席で、ドイツの名探偵により驚くべき犯人が明かされた直後、打って変わった静けさの中で、もうひとりの名探偵と語り手の前についに真犯人が姿を現します。舞台となるのは晩餐室の上の最上階、ガラスの円天井を精緻な彫刻を施した黒檀の柱が支え、黄道十二宮のシンボルを描く金と黒のモザイクの床には、頭のついた毛皮の敷物が散らばる豪華なサロンです。

私たちがガラス天井の部屋に戻ったとき、命脈を保っている蝋燭は二、三本だった。雲の後ろから現れた月が、おぼろな光を床に敷かれた毛皮の上に流している。私は立ち並ぶ黒檀の柱が、列をなしてゆっくりと動き出したように感じられた。（中略）**青い夜空に向かって開かれたガラスの下、私たちは宙に浮かんで、幻の船に乗り、旅立とうとしていた。**（中略）**幻の船は星々の間を漕ぎ進む。**（中略）**謎の海に投げ入れられた錨が音を立て、黒檀の柱は宿命の船の帆柱となって、ついに動きを止める。[※6]**

蝋燭は燃えつきようとし、ガラスの天井からは青ざめた月光が降り注ぐその下、くわえたタバコの火にだけ照らされて、おのれの犯した罪を物憂げに語る犯人。

無惨な真相、失われた時、逝きてかえらぬ愛、果たされた復讐の虚しさ、悲哀と放心。

謎解きのミステリとしてはどれだけの瑕瑾（かきん）があろうとも、クライマックスの情景の美しさは、カー全作品の中でも屈指のものだと思えます。

※1『髑髏城』宇野利泰訳　創元推理文庫　東京創元社　1959
※2『続・幻影城』J・D・カー問答　江戸川乱歩　江戸川乱歩推理文庫　講談社　1988
※3『江戸川乱歩』KAWADE夢ムック　特別対談「少年探偵団」あやしい魅力　北村薫／戸川安宣　河出書房新社　2003
※4『Carr Graphic Vol.1 Dawn of Miracles』森咲郭公鳥　森脇晃　kashiba@猟奇の鉄人　2022
※5『ゾウを消せ　天才マジシャンたちの黄金時代』ジム・ステインメイヤー　飯泉恵美子訳　河出書房新社　2006
※6 原文『Castle Skull』John Dickson Carr　BRITISH LIBRARY CRIME CLASSICS 2020　引用は篠田真由美訳
※7『髑髏城』和爾桃子訳　創元推理文庫　東京創元社　2015

作者

ジョン・ディクスン・カー
John Dickson Carr
(1906-1977)

18歳から詩や小説を書き出し、6年後『夜歩く』でデビュー。以後40年以上にわたり多産な作家であり続けた。そのほとんどは本格ミステリだが、若き日のカーが愛したのは大デュマの冒険ロマンスで、1950年代以降に作例が増える歴史物には特にその香りが強い。

髑髏城の外観

ライン川のほとりにそびえ立つ髑髏城。「目も鼻も、歯をむき出しにした大きな口もとも、残らずちゃんと備わっている。その両側に、ぬっと突き立っている二つの塔は、大きな耳をぴんと張ったところだ」※1。

真犯人が姿を現す豪華なサロン

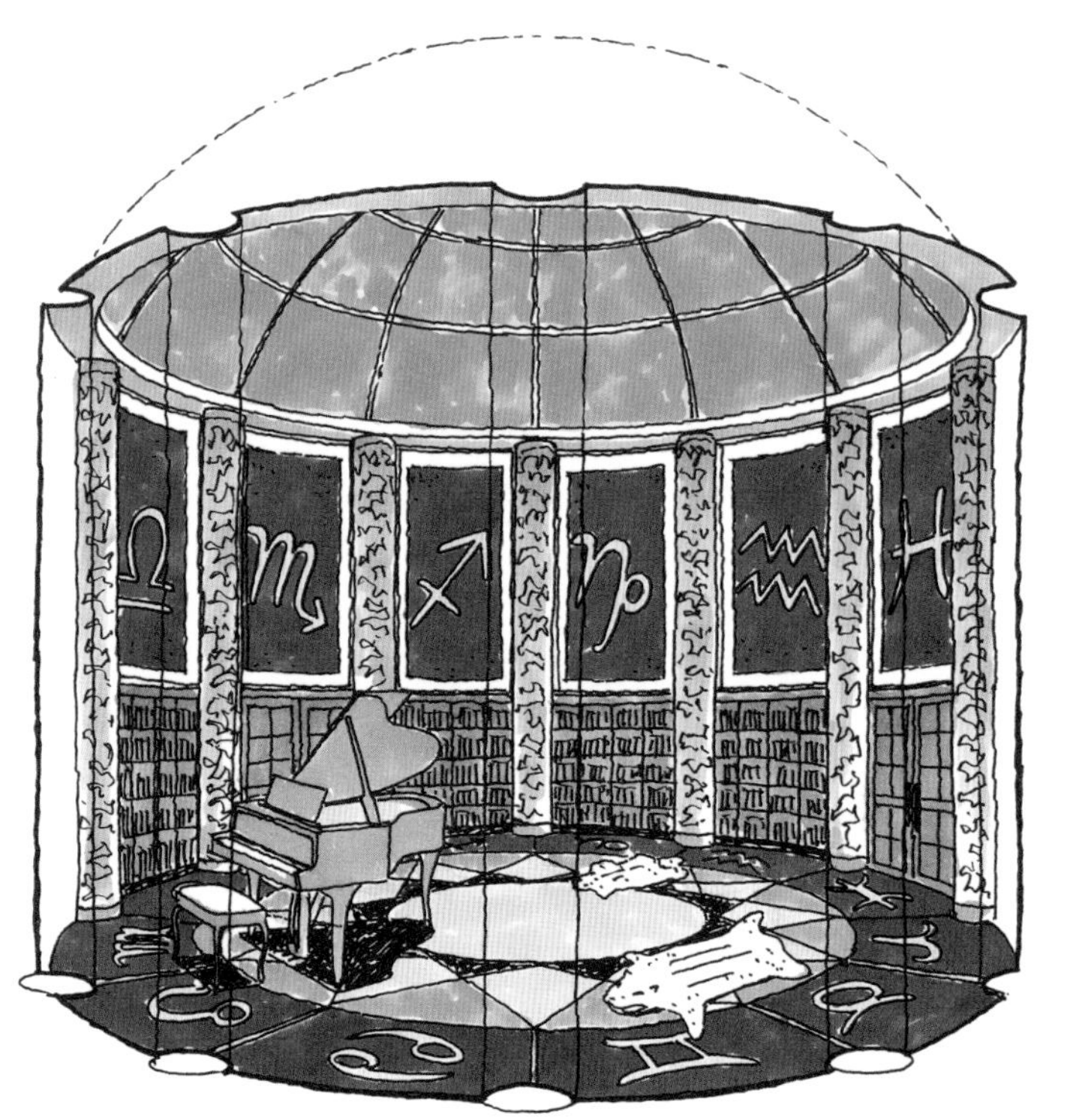

ガラスの円天井を精緻な彫刻を施した黒檀の柱が支え、黄道十二宮のシンボルを描く金と黒のモザイクの床には、頭のついた毛皮の敷物が散らばる。

Architectural Mystery

Case. **05**

ヴァン・ダイン作『グリーン家殺人事件』

【 グリーン屋敷 】

グリーン家屋敷 —— ニューヨークっ子はふつうそう呼んでいた —— は市のancien régime（旧制度）の遺物だった。三世代にわたって、五十三番街の東のはずれに立っていて、その張出し窓のふたつは、イースト・リヴァーの濁水の上に文字どおりに、突き出て、かぶさっていた。※3

一九二八年発表のヴァン・ダイン作『グリーン家殺人事件』は、当時アメリカで大ベストセラーとなったのみならず、後々まで他のミステリ作家に強い影響を及ぼした記念碑的作品でした。大都会の一角、時から忘れられたような旧家で起きる連続殺人を、警察に協力する素人探偵がただ推理によって解明するという、いかにもミステリらしいミステリの型を作り出したのがこれです。その型はいまも有効性を失ってはいません。

ただ二十一世紀の読者が初めてこの作品を読んで、当時と等しい驚きや興奮を感じられるかといえば、それは難しいでしょう。時代が変わったからというよりは、ここで作者が効果的に活用したテクニックの多くが、一種の紋切り型(クリシェ)として普及してしまったがためです。古びているというより、頻繁に使われすぎて陳腐に感じられるようになってしまったわけです。一例を挙げれば「一番最初に疑われる、つまりもっとも犯人らしくない人間が実は犯人」のような。

またそれだけでなくこの時代特有の要素もあります。イギリスではすでにアガサ・クリスティがデビューしていましたが、アメリカではミステリといえば扇情的な読み捨て娯楽小説という印象でした。そこにヨーロッパの香りのする高級な知的なエンターテインメントとして、〈コスモポリタン〉という洒落た雑誌に連載されたヴァン・ダイン作品は、インテリ層に熱狂的に受け入れられたのです。※1

それはさておき、ここで問題にするのは、連続殺人の舞台となるグリーン屋敷です。

ニューヨークのマンハッタン、ミッドタウン・イースト。現在は高層ビルに埋め尽くされた界隈ですが、一九世紀には成金富豪の贅を尽くした、悪趣味な大邸宅が建ち並ぶ地区だったといいますから、充分リアリティのある設定でした。[※2]

邸自体は二階半の高さで、その上に破風作りの尖塔と、煙突の先端がつき出ていた。様式は建築家たちが、多少軽蔑のひびきをもたせて、château flamboyant（シャトーフランボワイアン）と呼んでいるものだったが、どんなにくさした呼び方をしてみたところで、灰色の石灰岩を畳みあげた、大きな正方形の館からにじみ出る、落ちついた威厳と、封建的な伝統の匂いは消し去るわけにはゆかなかった。家は十六世紀のゴチック様式で、その細部は、まごうかたなく、新しいイタリア風の装飾がとり入れてあり、尖塔や張出しにはビザンチン風の趣きがあった。[※3]

創元推理文庫では「殺人事件当時のグリーン屋敷」と題された木版画風の口絵があり、初めてこの本を手にしたときは強い印象を受けたものです。いま見ると絵の館は屋根の形など、ゴシックというよりフランス・ルネサンス風ですが、この時代はパリのエコール・デ・ボザールに留学したアメリカ人建築家が多く、イギリスはヴィクトリア朝でゴシック・リヴァイヴァルが流行し、歴史様式の恣意的な引用混交も盛んに行われたことを思えば、二十世紀初頭のニューヨークにこれが建っていて不思議はありません。

しかし『グリーン家殺人事件』には、グリーン屋敷を建築的に検証するには必要な情報が少なからず欠落しています。そもそも作中の現在時が何年かも明記されていないのですが、それについては章題に書かれている曜日と作中のいくつかの数字から、一九二〇年と推定しました。

ではこの館はいつ建てられ、一族を束縛している莫大な財産はいかにして形成されたか。グリーン家の過去の歴史は？　それがほとんど書かれていません。名前が出るのは十二年前に亡くなった家長の老トバイアス・グリーンという人物で、彼が一八九〇年頃海外で事業を（それも非合法の犯罪も絡むようなことを）して蓄財し、大富豪となったらしい。そしてこの館を建てたのも、彼らしいのですね。

館の建築年を想像するための手がかりはひとつ。二階へ向かうのに**大理石像――ファルギエールの作だと思われる――をめぐってのぼるようになっている表階段をあがって**[※3]と書かれていて、この彫刻家の活動時期は一八五九年から一九〇〇年なので、館がそれより古い年代に建てられたとは考えにくいのです。もちろん、石像だけが後から加えられた可能性も、ないとはいえませんが。

するとグリーン屋敷の築年は、二十年からせいぜい六十年ということになってしまいます。アメリカはともかくヨーロッパの場合、普通の家でも百年二百年経った建物に手を加えて住み続けるのは珍しくありませんから、現代日本の木造住宅とは違う、石造りの大邸宅としてはさほど歴史があるとはいえません。ところが本作の名探偵ファイロ・ヴァンスはいいます。

「死んでしまった世代のかび臭い空気を発散して、内も外も色褪せ、衰弱しきって、薄汚くすすけ、過ぎ去った日の幽霊が充満した、古い、寂しい、だだっ広い家が、手入れもせぬ土地の上に、汚い河の水に裾を舐められながら突っ立っている」※3

たった六十年で、そこまでお屋敷が廃れてしまったんだとしたら、それはメンテナンスが悪いからでしょうに、といいたくなりました。

「あの家は腐っているんだよ。（中略）**そのなかに住んでいるものすべてが、それともろともに崩れ去ろうとしている。**（中略）**今度の事件は、あの常軌を逸した家庭が全面的に崩壊してゆく第三紀段階のひとつにすぎない」**

「まともなもの、健全なものは、なにひとつない。夢魔におそわれた家だ。奇妙な、型はず

れな人間が住んでいて、お互いに、陰険な、奇怪な恐怖をばらまきあっていた[※3]」

名探偵の重々しいご託宣ですが、住人の立場からしたらずいぶんと失礼なせりふです。赤の他人のあんたに、なんでそこまでいわれにゃならんのだ、と反論したくなります。実際グリーン家の人々は、父親の遺産目当てに無為徒食の日々を送るろくでもない人間、というふうに描かれていて、読者は彼らのだれにも好意を持てない気分になっていますから、そこに異議を申し立てる気にはならないまま、読み過ごしてしまうのですが。

ところでこのグリーン屋敷に関する描写ですが、妙に既視感があります。旧家の廃れかけた巨大な屋敷に暮らす世間から隔絶した血族。建築の古びと住人の衰退が二重写しになる光景。これって、たとえばエドガー・アラン・ポーがあの「アッシャー家の崩壊」で描いた構図とそっくりではありませんか。

私は一族の持つ性質とその家屋敷の性質が完璧に一致しているのではないかと考え、長い年月のあいだに、一族とその領地がたがいに影響を及ぼし合ってきたのかもしれない、と思いを巡らせた。（中略）

ずっと住み続け、長年離れようとしたことさえないその屋敷について持つ、ある種の妄信

のようなものに彼は縛られていた。ここで説明するにはあまりにぼんやりしている、この屋敷が持つとされる力。一家伝来のその屋敷独特の形態や建材が、彼に言わせれば長らく黙認されてきたせいで、彼の精神にもたらした影響力。灰色の壁や小塔だとか、一族みんなが見下ろしてきた薄暗い沼だとか、そうした形あるものが長年のあいだに彼という存在の活力に与え続けてきた効果。それらすべてに、彼はがんじがらめになっていたのだ。※4

読み手の現在とはかけ離れた時代と場所で展開される、悪夢じみた恐怖を纏う物語が、一八世紀末から一九世紀前半にかけて主にイギリスで流行したゴシック・ロマンスで、当時のイギリス人読者は、イタリアやスペインを舞台にした異国の怪異譚に熱狂しました。これも一種の異国趣味です。そうした物語の定番が、歴史を重ねた城や館と、そこから離れたくとも離れられない古い血を持つ一族で、「アッシャー家の崩壊」はアメリカで、その流行には遅れて書かれた、しかしそれゆえのゴシックらしさを煮詰めた精髄ともいえる作品です。

グリーン家の一族はいまの土地に住んで三代、先代が財産を築き館を建てたという程度の、歴史は浅い、いってしまえば成り上がりの富豪です。しかしヴァン・ダインがおそらくは無理を承知で試みたのは、二十世紀の現代のアメリカ、ニューヨークにゴシック・ロマンスの定型を持ちこみ、それを論理的な謎解きミステリと融合させる、というアイディアでした。

シャーロック・ホームズの探偵譚にまず熱狂したのは、彼を身近な存在と感じることのできるロンドンの市民です。それと同様にヴァン・ダインの読者は、物語が繰り広げられる同時代のニューヨークを、現実的なものと感じることができたでしょう。日常と地続きのそこに、遥か過去の異国を思わせる呪われた血族の棲む館が存在し、そこで起きるゴシックめいた怪事件をヨーロッパで教育を受けた教養人の素人探偵が解明するという、リアルとフィクションの絡み合いに、当時のアメリカの読者はこれまでにない興奮を覚えたのではないでしょうか。

ああいった古い旧家が、安逸懶惰な環境のもとで、いかに退化していくか、まったく奇妙なもんだよ。ウィステルバッハ家然り、ロマノフ家然り、ジュリアン・クローディアン家然り[※3]（後略）

名探偵、舌先ひとつで盛りまくっています。ルーツもさだかではない移民一族を語るのに、ヨーロッパの名だたる名家の名前まで持ち出すのかと、呆れてはいけません。事件の解明を焦る検事や刑事を相手に、関係もなさそうな蘊蓄を並べ立てて煙に巻く名探偵の衒学趣味というのも、いまではひとつの紋切り型と化した感がありますが、この作品では彼の弁舌が単なる装飾以上の、グリーン家をゴシック・ロマンスに登場する一族にふさわしい名家に見せかける、なくてはならぬ働きをしています。つまり名探偵が煙に巻いているのは、検事や刑事ではなく我々読者なのです。

※1 『本格ミステリーを語ろう！ 海外編』芦辺拓／有栖川有栖／小森健太朗／二階堂黎人　原書房　1999
※2 『黒死館逍遙　第十号　ケルト・ルネサンス考』素天堂　2009
※3 『グリーン家殺人事件』ヴァン・ダイン　井上勇訳　創元推理文庫　東京創元社　1959
※4 『怖い家』より「アッシャー家の崩壊」エドガー・アラン・ポー　宮﨑真紀訳　エクスナレッジ　2021

作者

ヴァン・ダイン
S. S. Van Dine
(1888-1939)

経歴はジャーナリストから始まったが、1926年『ベンスン殺人事件』で一躍人気作家に。名探偵ファイロ・ヴァンスをシリーズ・キャラクターに、『殺人事件』のタイトルで全12作のミステリを発表したが、世評の高い前期の『グリーン家』『僧正』と較べ、後期の作品は全般に評価が低い。

グリーン家の間取り

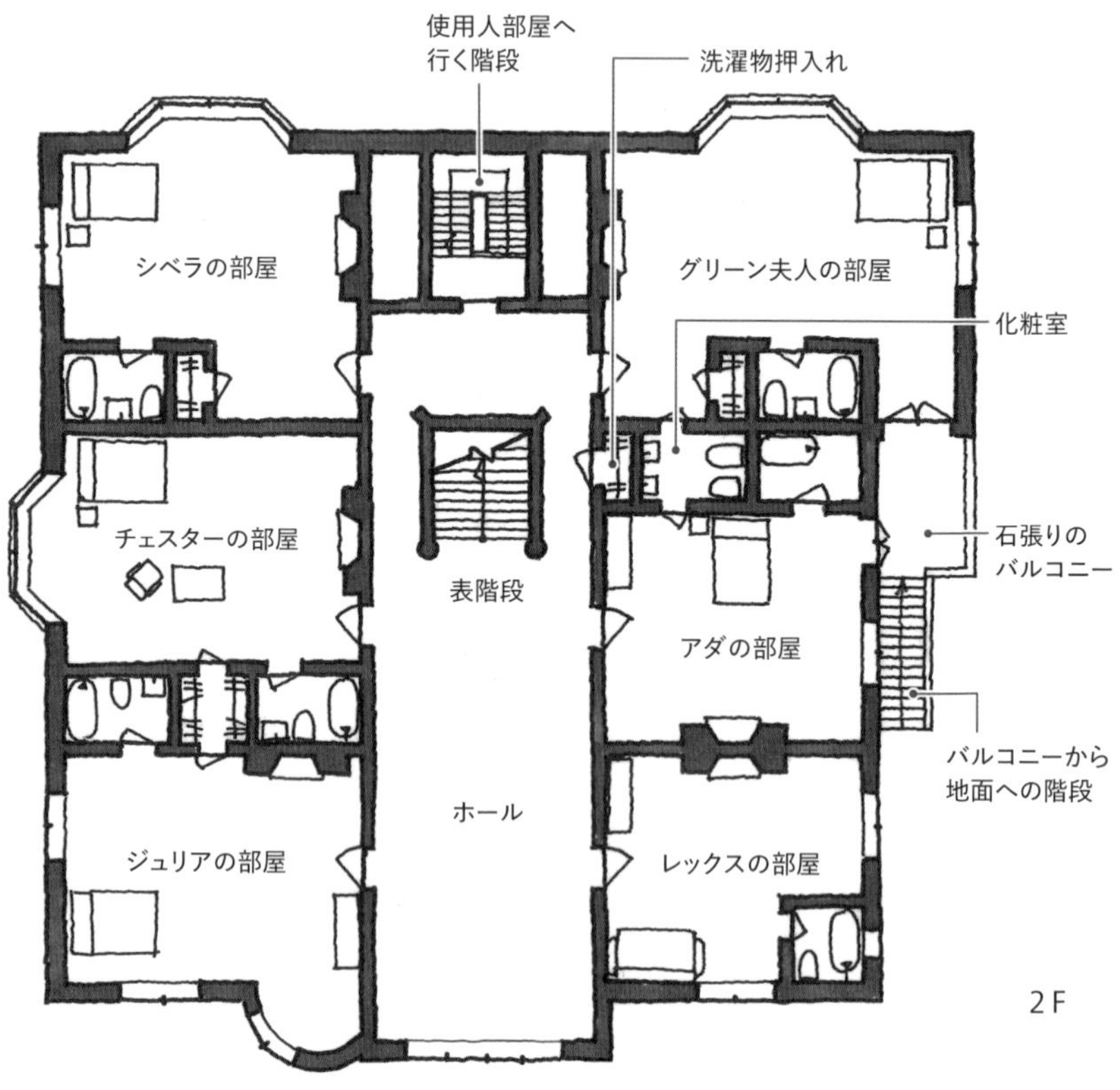
使用人部屋へ
行く階段
洗濯物押入れ
シベラの部屋
グリーン夫人の部屋
化粧室
チェスターの部屋
表階段
石張りの
バルコニー
アダの部屋
バルコニーから
地面への階段
ホール
ジュリアの部屋
レックスの部屋
2F

チェスターの部屋

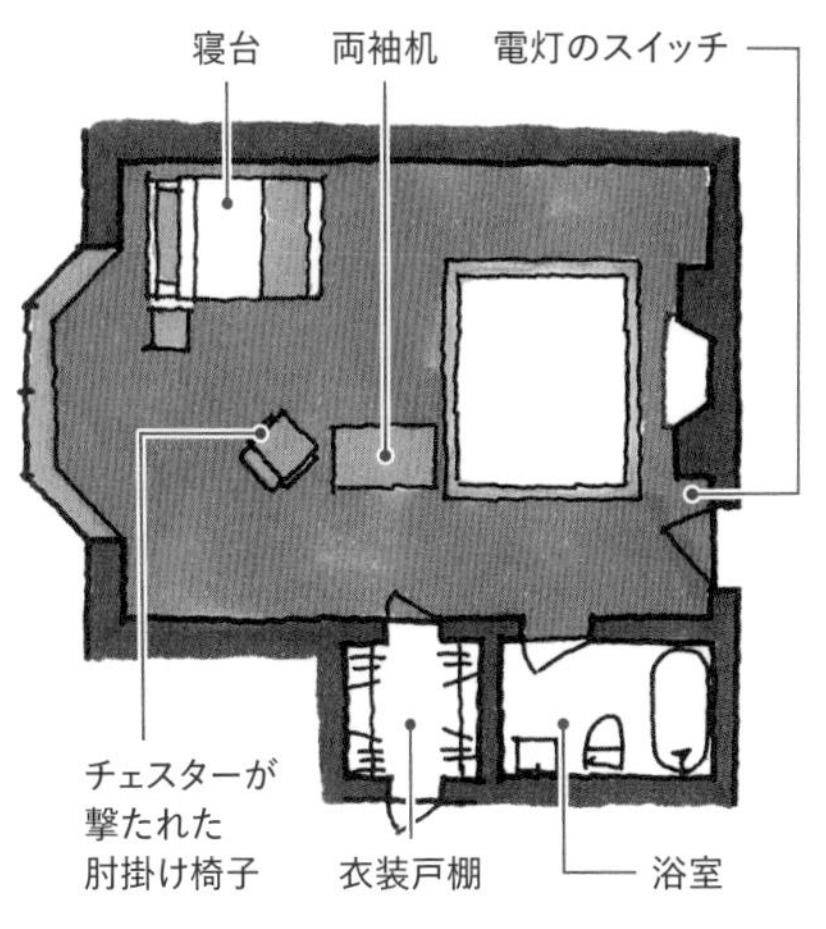

アダの部屋

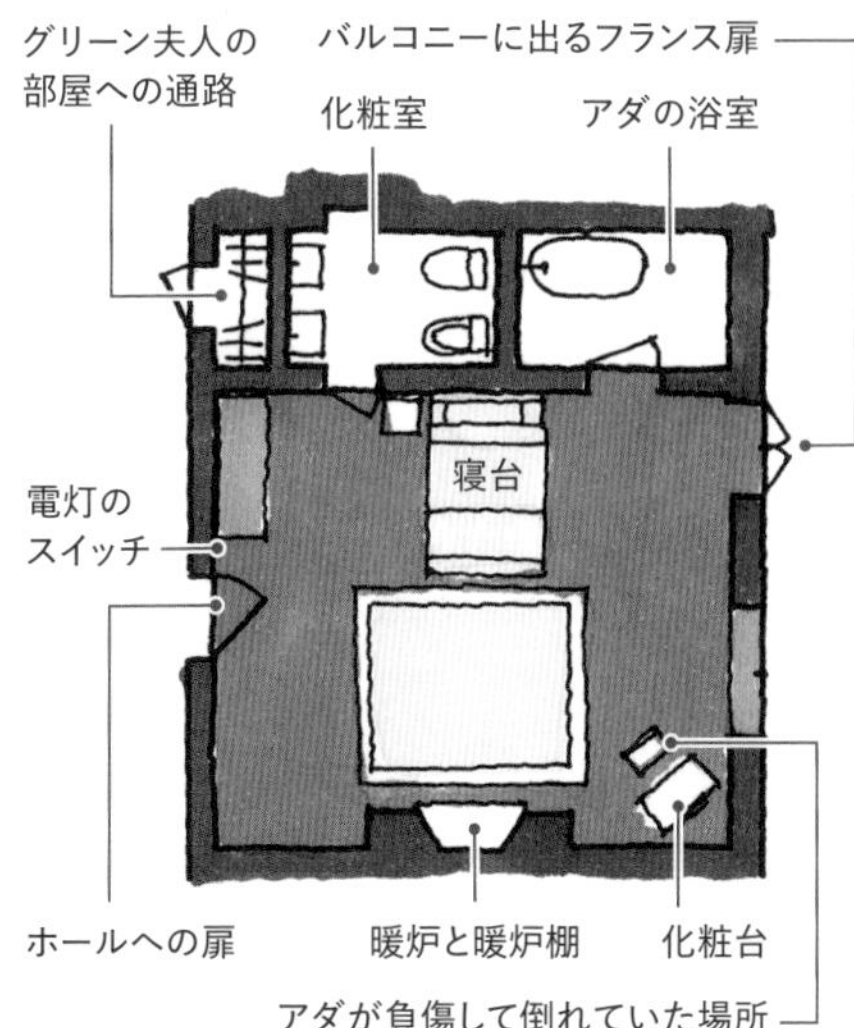

ジュリアの部屋

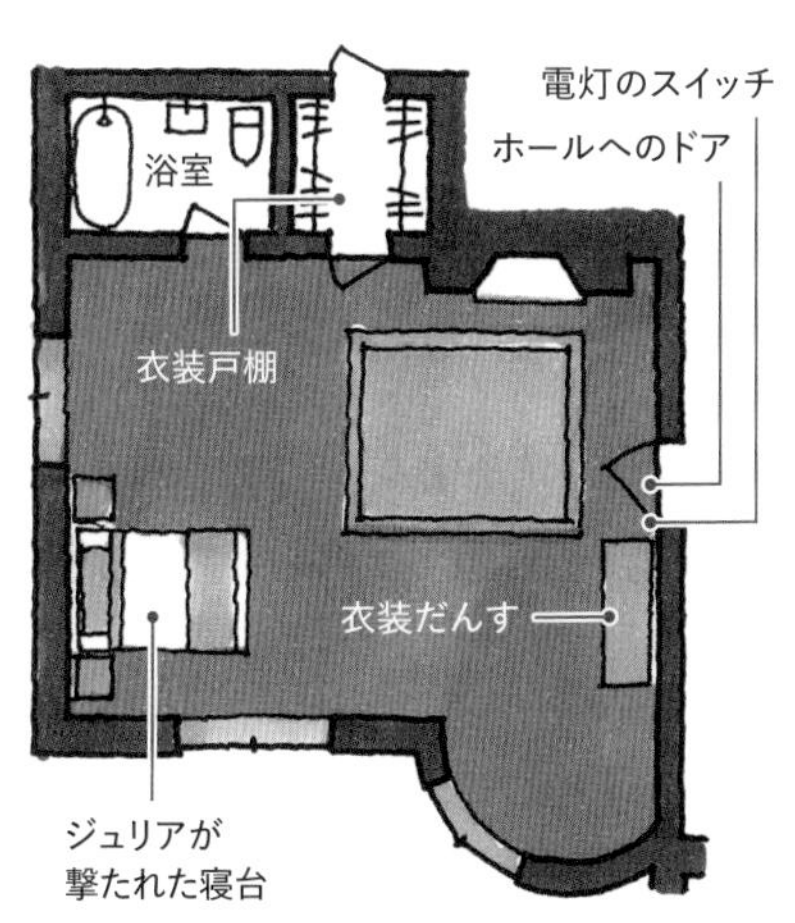

レックスの部屋

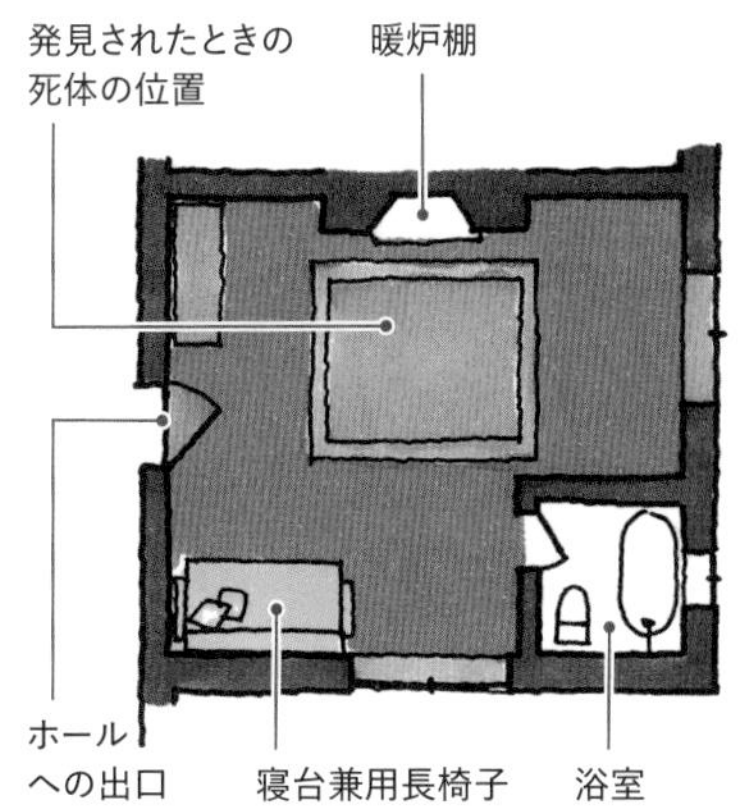

Architectural Mystery

Case. 06

エラリー・クイーン作『Yの悲劇』

【 ハッター邸 】

アメリカのニューヨーク、ワシントン・スクエアの北側に建つ、赤煉瓦積み三階建ての古めかしい邸宅。夫亡き後は、女主人エミリー・ハッターが君臨する。作中に建築の描写は乏しいが、外観はクラシック・リヴァイヴァルと推定した。

一九三二年発表の『Yの悲劇』は、フレデリック・ダネイとマンフレッド・リーという従兄弟同士の青年二人の共作でした。一九二九年から、『ローマ帽子の秘密』を始め、名探偵エラリー・クイーンが活躍する長編を、探偵と同名のペンネームで次々と発表した彼らは、『Xの悲劇』に始まる新シリーズでは違う名探偵を採用し、バーナビー・ロスという別名義を使ったので、当初クイーンとロスは別人だと考えられていました。『Y』はロスの名で発表された四作の中でも特に高い評価を得ている作品ですが、これが先行するヴァン・ダインの『グリーン家殺人事件』の影響下に、それに対する一種の挑戦として書かれたこともまた、広く認められている事実です。

二作を読み比べると、多くの共通点に気づきます。時は現代（発表当時）のニューヨーク中心部、マンハッタン。時代に取り残された古風な屋敷に暮らす偏屈で閉鎖的な富豪一族の、世間に背を向けた、愛情の乏しい、道徳的にも退廃した親子兄弟の間で起こる陰惨な事件は、容疑者も被害者もその限られた関係の中にいるとしか思われないという、設定の枠組みが完全に共通しています。

その他にも、事件の捜査に当たるのが警察官ではなく、組織に属さないフリーランスの人間で、生活のために働く必要の無い富裕層の独身男性。加えてヨーロッパと深い繋がりのある教養人です。この時代のアメリカ人にとっては、ミステリはやはりヨーロッパが本場という感じだったのでしょうか。

またミステリとしてはもっとも肝心の、犯人とその犯行を構成する要素にも共通性がありますが、そのことを剽窃といった否定的な意味で語るのは的外れです。クイーンはヴァン・ダインが提示した意外な犯人に関する興味深いアイディアを洗練させ、磨き上げて、遥かに優れたミステリとして結晶させました。この問題はどう書いても真相のネタばらしに繋がってしまいますから、これ以上触れるわけにはいきません。そしてここでのテーマは、相変わらずミステリの舞台となっている建築です。

ところがいささか困ったことに、クイーンはヴァン・ダインほど建築には興味が無かったらしく、ハッター邸の建築スタイルを推測できるデータが作中にほとんど書きこまれていません。一族の過去についての記述が乏しいのはグリーン家も同様ですが、巻頭に掲げられた「ハッター邸見取り図」からしていささか困りものです。

一六六ページには入手できたForgotten Books（二〇一七年刊）のハードカバー本巻頭にあった図の複写を、図中の文字を日本語に訳して載せていますが、目を通せた三種の訳本でも図はほぼ変わりません。[※1] いやに横長の建物だと思ってしまったのですが、二階と三階の図を一ページに収めるためなのでしょう。南北の寸法が大きく圧縮されているようなのです。「死の部屋」と書かれた寝室と、隣の「実験室」は同じ大きさでほぼ正方形と本文中には書かれているので、その割合で寸法を修正した図を描いていただきました（方位は作中の記述から推定可能です）。

建物の中央に廊下と階段があり、その周囲に家族個人の部屋が配置されているのはグリーン屋敷もハッター邸も同じです。クイーンは舞台となった邸宅の平面に関しても、グリーン屋敷を踏襲し、そこに自作に必要な要素を加えたのかも知れません。またどちらも一階の図は掲載されていませんが、グリーン屋敷は二階平面から一階を想像することが可能で、奥の大階段と向かいあう位置に玄関があり、一階でも二階と同様、幅の広い廊下のようなホールが縦に通っていたと考えられます。

これはロンドンのテラスハウス（縦割り長屋形式の住まい）に見られる一般住宅の間取りそのままで、富豪一族の暮らす大邸宅にしてはなんとも地味です。二階はプライヴェートな空間だとして、通常一階には応接間や晩餐室といった客を迎えるための部屋が置かれるのですが、グリーン家ではそのような社交生活は営まれていなかったようで、事件も捜査陣の出入りも、もっぱら二階が舞台でした。

ハッター邸の一階はそれより複雑で、ワシントン・スクエアと正対する南面に玄関があり、その左右に「図書室」「食堂」「客間」「居間」といった部屋が置かれ、さらに奥に玄関ホールとは直角に廊下と階段があると考えられるのですが、一階には他にも厨房や使用人の部屋がなくてはならず、その全部が二階と同じ面積の中に上手く収まるかと考えると、ちょっと怪しい気もします。

原著の見取り図に描かれていないことで、ひとつ注意しておきたいのは、グリーン屋敷とハッター邸では玄関の位置が中央の廊下に対して九十度違う、と考えざるを得ないことです。初めはグリーン屋敷と同じように、一階の廊下の端に玄関があるのかと考えましたが、それだと玄関の真上の二階が浴室になってしまい不自然です。元図によると二階に三カ所、三階にも二カ所浴室があり、旧時代の遺物呼ばわりされるお屋敷ですが、水回りは上下水道とボイラーが完備した二十世紀になってから改造したようです。それ以前の入浴は、メイドが厨房から湯を運び上げねばなりませんでしたから。

さらにこの見取り図では、階段が外の非常階段を除いて、一カ所しかありません。建築物のリアリティとして、これはまずあり得ないことです。これだけの規模の大邸宅で、主人の居室に出入りする使用人が主人と同じ正階段を使うことは、ハッター邸が新しくとも十九世紀の建築であるとしたらまず考えられません。

二十世紀のアメリカでは家事使用人に対する意識は、前世紀より変化していたのだとしても、使用を止めた煖炉は装飾的な意味あいで手を付けずに残し、水やガスの配管は後から大規模な改修で付け加えることは可能だとして、もともとあったはずの裏階段をなくすのは難しいし、そうする必然性もないでしょう。グリーン屋敷では大階段の裏手に使用人用の階段が設けられていましたから、その先に一階には厨房、三階には使用人の寝室があると考えられましたが、ハッター邸では食堂の近くに厨房があるらしいということしかわかりません。

ただ謎解きのミステリの場合、作中で起きる事件に関わらない細部は、図から省略されてしまうというのは、時にはあります。リアルな舞台を造形することに作者の興味がないから、謎に関わらないディテールが脱落するのか。あるいは読者が真相を推理するときに、ノイズになりかねない要素は取り除いておこう、という積極的な選択なのかはわかりませんが、つい建物にこだわってしまう自分のような読者にとっては、そこのところが残念、といいたくなります。

ではここで改めて、『Y』に書かれているハッター邸外観の多からぬ描写を、検討してみるとしましょう。手に入れた三種類の訳本では、建築関係の訳に飽き足らぬものがあったので、ここは私の試訳で上げます。

真っ赤な煉瓦を積みあげた箱形の三階建てだ。スクエアを馬が往来していた時代の遺物だろう古めかしい家で、重たげなカーテンを下げた大窓に、軒回りには古典風の装飾帯が巡り、玄関に通ずる白石の階段は高く、鉄製の手すりが両側について、上がりきったところに時代が付いて緑色になった鋳鉄の牝ライオンの像が二頭。（中略）幅の広い、白の鏡板張りのドアは開いたままだったので、歩道から玄関の中が覗き見えた。※2

ハッター家の祖先はオランダ人だったという記述があり、現在のニューヨークの位置に最初の入植地を築いたのはオランダ人だそうなので、そのルーツは一族の歴史の古さを意味しているようです。ただワシントン・スクエアの一角が高級住宅街となったのは一八三〇年代になってからということですから、[※3]館の建設もその時代以降と見て、大きく外れはしないでしょう。長く見積もって約百年経っています。

軒回りには古典風の装飾帯と訳した部分の原文はfrieze of a cornic at the roofで、ギリシャ建築由来の浮き彫り装飾が軒下に帯状に回っている、という意味です。建物全体の様式に関する描写はありませんが、red-bricked reliquary（赤煉瓦の聖遺物箱）と形容されたハッター邸の外観は、古典主義風の細部を持つネオクラシック様式だったのでしょう。グリーン屋敷はシャトオ・フランボワイアン、つまり後期ゴシックと明記されていましたから、クイーンは明らかにそれとは別のスタイルを選択している、というのだけは間違いありません。

そうして見ると、主要登場人物の設定や屋敷の建つ位置（直線距離にして四キロと離れていません）、屋敷内の平面といったところでヴァン・ダインを踏襲したクイーンは、館の外見については、可能な限り対照的なものにしようと努めたらしい、とはいえるでしょう。

改めて、作中の探偵と捜査陣が現場に登場したときの、ふたつの邸宅の描写を比較してみると、対比はさらに鮮烈になります。グリーン屋敷の外壁は灰色の石灰岩で、周囲は雪に覆われた庭、空もまた灰色で、十一月ながらうそ寒い真冬の空気に包まれています。ゴシック・ロマンスの舞台にふさわしい陰鬱さで、語り手はその建物を見て不吉な予感に身を震わせます。

ハッター家の館が読者の前に現れるのは六月で、しかも日曜日だったからでしょうか。公園のスクエアには野次馬がひしめき、周囲を報道陣が走り回るという賑やかさ。変人揃いの一家は以前から面白おかしい新聞ネタの常連でした。それに合わせるように、館は真っ赤な煉瓦に白石の階段、緑色になったライオン像が玄関の左右に控えるというのですから、きっとその上には晴れ上がった夏の青空が広がっていたのだろう、と想像してしまいます。

子供がクレヨンを振るった原色の絵のようなあざやかすぎるその情景と、マッド・ハッターという、『不思議の国のアリス』もじりの綽名と、そこで起きる事件の残酷さが、鋭い対比を作り、やがては驚くべき真相へと繋がっていくという、クイーンの小説作りの上手さがここに表れています。また、探偵役こそイギリスのマナーハウスを再現した大邸宅に暮らす引退した著名なシェークスピア俳優ですが、ヴァン・ダイン風の鬼面人を驚かすゴシック・ロマンス臭やヨーロッパ志向、衒学的おしゃべりや異国趣味は作品から一掃されています。

現代に繋がる謎解きのミステリの最初の作品として認められている、アメリカ人の作家エドガー・アラン・ポーの「モルグ街の殺人」（一八四一）は、パリを舞台にしていました。ゴシック・ロマンス同様、ミステリも読者のいる現実とは別の世界で展開されるものだったのです。その後イギリス人コナン・ドイルによるシャーロック・ホームズのシリーズが人気を博し、現実に近い場所で展開するミステリがイギリスでは書かれるようになりました。ヴァン・ダインの『グリーン家殺人事件』は、やっぱりミステリならイギリス、といいたげな装飾を纏っていましたが、それに挑戦した『Yの悲劇』には、過去の過剰な装飾を脱ぎ捨てた清新さがあります。

ただ、それこそ枝葉末節ではありますが、ハッター邸の玄関両脇に置かれた像はなぜ**牝ライオン**なのか、ちょっと気になりませんか。建造物に附属して設置されるライオンの像なら、ニューヨーク公立図書館のように、あるいはロンドンのトラファルガー広場のように、たてがみの長い牡の方が一般的な気がします。それをいったいなぜわざわざ牝に？

そしてクイーンさん、もうひとつだけ。ミステリの筋にはなんの関係もない話ですが、two cast-iron lionesses green with age（**時代が付いて緑色になった鋳鉄の牝ライオンの像が二頭**[※2]）とあります。しかし鉄は錆びても緑にはなりません。緑青（ろくしょう）がついたのなら、それは青銅製だったんじゃないでしょうか——

実は、なぜ作者がそんなことを書いたかについて、ひとつの仮説を思いつきました。あくまでただの仮説ですが、クイズのつもりで考えてみていただけますか。私が思いついた答えは一六四ページに。

※1 『Yの悲劇』鮎川信夫訳　創元推理文庫　東京創元社　1959
『Yの悲劇』越前敏弥訳　角川文庫　角川書店　2010
『Yの悲劇』中村有希訳　創元推理文庫　東京創元社　2022

※2 原文『The Tragedy of Y』Barnaby Ross　2017　引用は篠田真由美訳

※3 『ニューヨーク「旅する21世紀」ブック　望遠郷12』同朋舎出版　1995

作者

エラリー・クイーン
Ellery Queen

リー　　ダネイ

1929年『ローマ帽子の謎』でデビューして以来、バーナビー・ロス名義の悲劇4部作を除いて、共作のペンネームと同名の名探偵エラリー・クイーンが活躍するミステリを、長く書き続けたが、作風は初期のゲーム性の強い本格から、名探偵が人間的な苦悩を味わう小説へと変遷する。

クイズの答え

　まず、なぜ牝ライオンか。物語は冒頭からエミリー・ハッターの支配的な女家長ぶりを強調するので、自邸に牝のライオンが飾られていても不思議はないようですが、彼女はそんなものを造らせて、他人におのれの富や権力を誇示したいタイプでしょうか。モルグに現れたときの服装も時代遅れで、自分を飾ることにはまったく興味がなかった人物のように感じられます。

　しかし彼女を形容するとき、決まり文句のように繰り返されるのが「鉄の」という比喩です。iron-willed「鉄の意志の」、iron-boned「鉄の骨の」、steel fingers「鋼鉄の指」。するとやはり玄関前に置かれた鋳鉄の牝ライオンとは、作者エラリー・クイーンが書きつけたエミリー・ハッターその人の象徴だと考えるしかありません。

　では、なぜその牝ライオンは緑色でなければならなかったか。若きクイーンが挑戦した『グリーン家殺人事件』のタイトルを思い出しますが、ここではヘティ・グリーンHetty Greenという、実在した女性富豪を補助線として置いてみたいのです。女性がまだ証券取引所に足を踏み入れることを許されなかった一八八〇年代に、投機によって巨額の資産を築き「ウォール・ストリートの魔女」という異名を取った彼女は、異常な吝嗇(りんしょくか)家であったことでも生前から知られていたとか。

エミリー・ハッターも、思い切った投機の才に拠って祖先から受け継いだ財産を殖やしたという話ですし、時代遅れの服装も物持ちが良かったというだけでなく、倹約振りの表現と読めます。加えて容貌の描写には、chunky jaw「ずんぐりした顎」が何度も出て来ますが、ヘティ・グリーンの残されている写真を見ると、こちらも女傑めいたいかつい顎が見て取れます。

彼女の没年は一九一六年なので、『Yの悲劇』発表の十六年前。その名はまだ忘れられていなかったはずで、この小説を読んだ読者は、エミリー・ハッターの描写から当然のようにヘティ・グリーンを思い出したのではないでしょうか。

鉄の女エミリー。夫を虐待し、自殺させた猛獣の如き悪妻。そのシンボルとしての牝ライオン像。鉄像は銅像より少なく、かつ緑青がついて緑色となることはない。エラリー・クイーンは百も承知で敢えてそう書いた。

モデルとしてのヘティ・グリーンをほのめかすために。

というのが私の仮説ですが、いかがでしょう。ご納得いただけるでしょうか。

蛇足ながら、マサチューセッツ州に残る彼女の生家は、石壁ですが古典主義建築で、長沖さんが描かれた一五四ページのイラストとそっくりです。

ハッター邸二階間取り

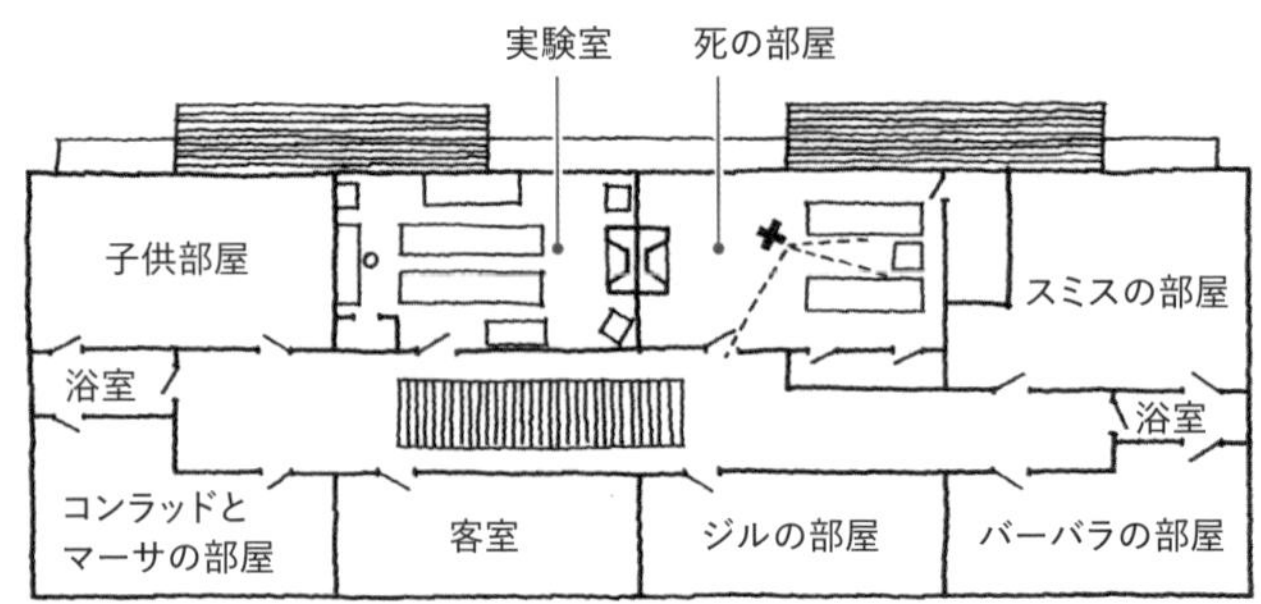

原書より挿絵の模写

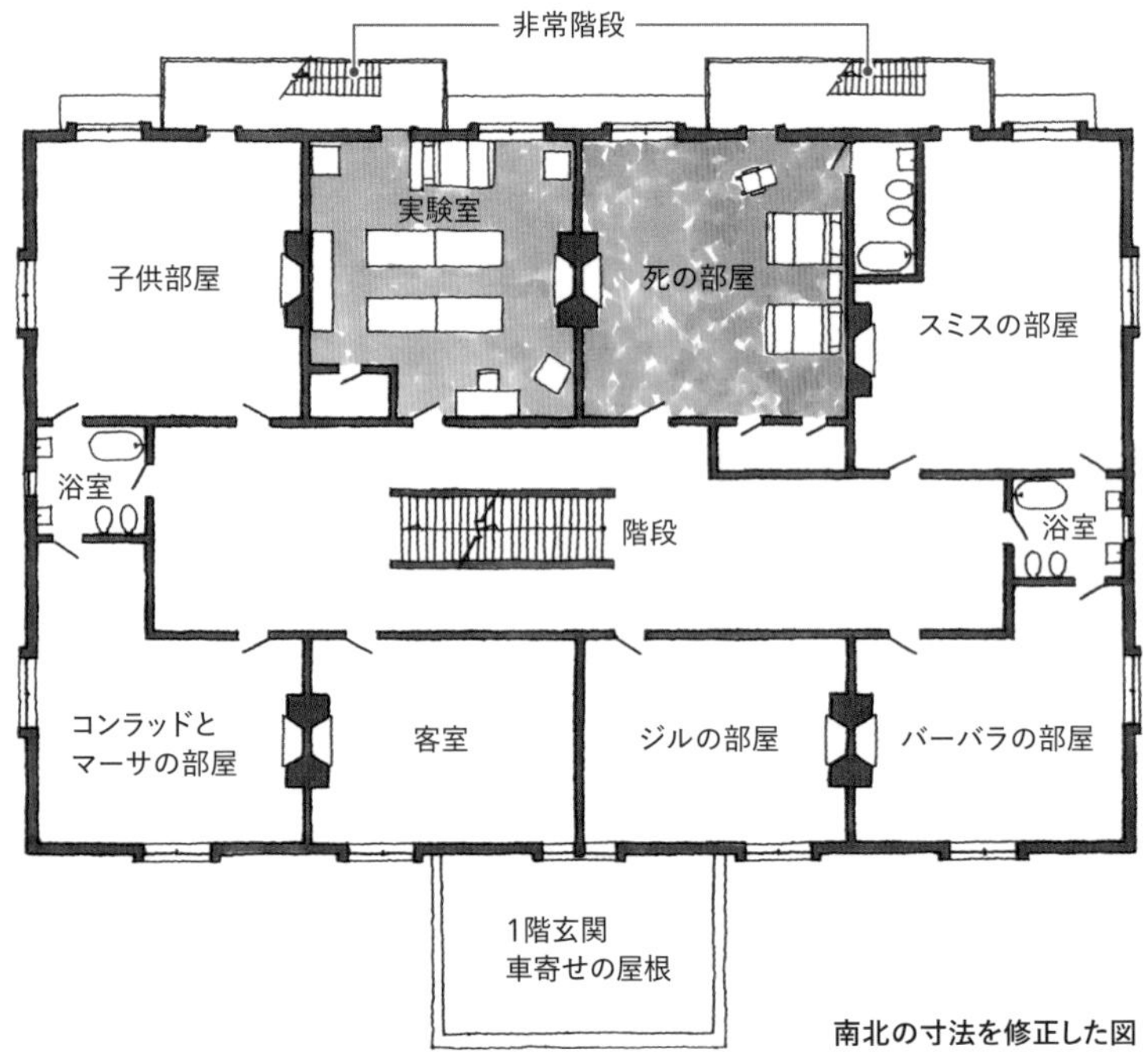

南北の寸法を修正した図

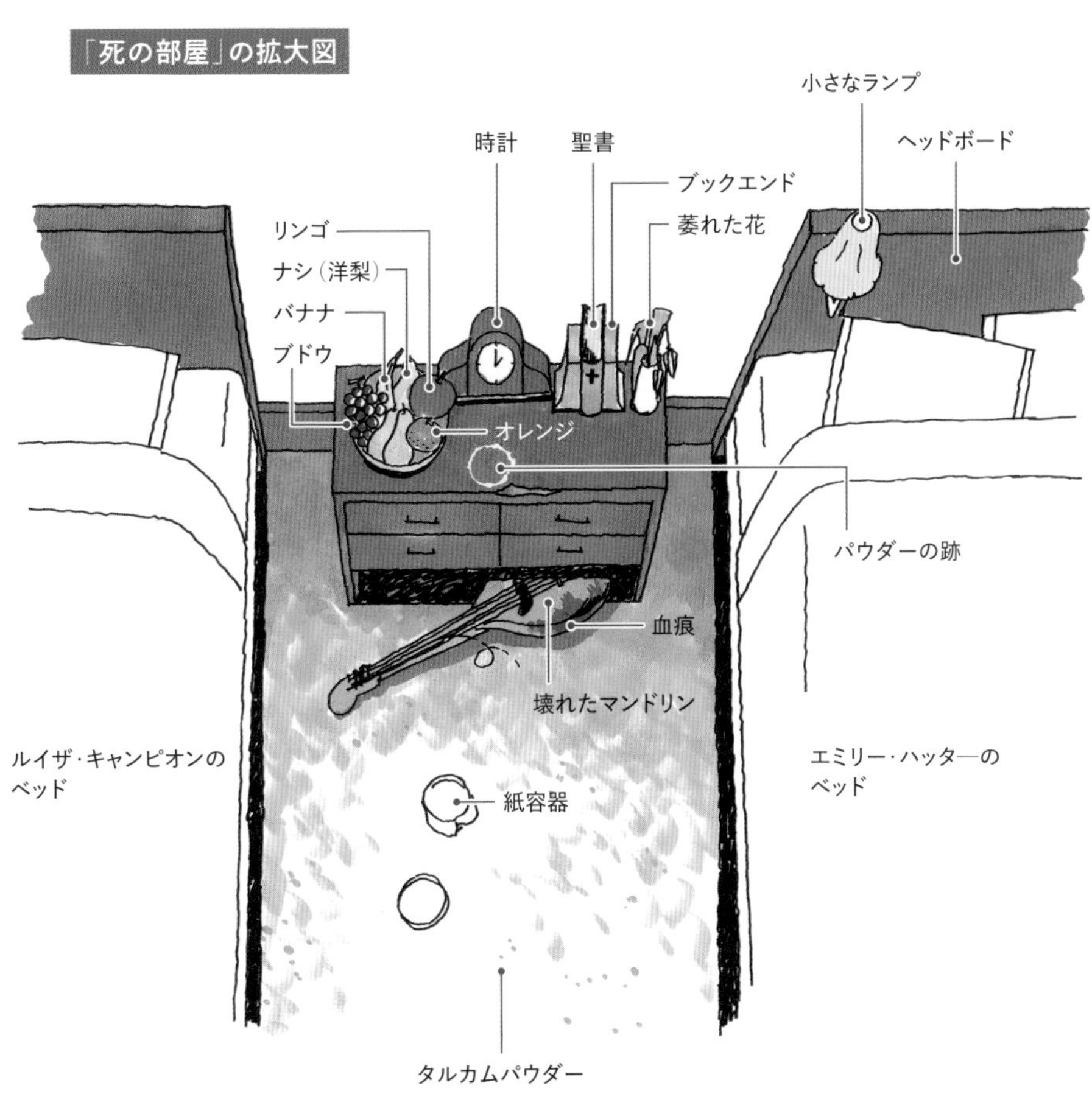
「死の部屋」の拡大図
小さなランプ
時計
聖書
ヘッドボード
ブックエンド
萎れた花
リンゴ
ナシ（洋梨）
バナナ
ブドウ
オレンジ
パウダーの跡
血痕
壊れたマンドリン
ルイザ・キャンピオンのベッド
エミリー・ハッターのベッド
紙容器
タルカムパウダー

Architectural Mystery

Case. 07

アガサ・クリスティ作『ねじれた家』

【 レオニデス邸 】

一代で巨富を築いたギリシャ移民が愛妻のために建てたコテッジ風田舎屋。家族の増加に応じて建て増したため、かくも巨大化したのかも知れない。現在、内部は玄関ホールのみで繋がる三世帯住宅となっている。

一九二〇年から半世紀以上にわたり、六十六本の長編をはじめとする多様な作品を世に送り出して、ミステリの女王と呼ばれたイギリスの作家アガサ・クリスティの『ねじれた家』を取り上げます。クリスティには『そして誰もいなくなった』『五匹の子豚』『ポケットにライ麦を』など、「マザー・グース」と総称されるイギリスの伝承童謡をモチーフにした作品が数多くありますが、これもそのひとつです。

「マザー・グース」の歌は韻を踏んで語調が良く、内容はナンセンスな場合が大半なので、七五調の訳でご紹介しましょう。

ねじれた男がおりまして
歩いた　ねじれた一マイル
ねじれた塀にぶつかって
見つけた　ねじれた六ペンス
男はねじれた猫を買い
ねじれたネズミを捕まえて
みんないっしょに暮らしたとさ
小さなねじれたおうちでね[※1]

童謡がモチーフといっても、歌詞の通りに連続殺人が起こるわけではありません。名探偵エルキュール・ポワロも、ミス・マープルも登場しない、比較的地味な作品です。舞台となるのは、レストラン業で巨富を築いたギリシャ移民のアリスタイド・レオニデスが、ジェントリー階級から迎えた愛妻のために築いた、ハーフティンバーの田舎屋風大邸宅です。

開幕早々、ヒロインのソフィアが探偵役のチャールズに語ります。

「みんな一緒にちいさなねじれた家に住んでたよ。これ、あたしの家のことなの。ほんとは、そんなちいさな家じゃないんですけど。でも、ねじれてることはたしかよ——切妻（きりづま）や梁（はり）までね！」※2

『グリーン家殺人事件』や『Ｙの悲劇』では、同居家族がその家を離れられない理由が薄弱なのですが、読んでいる間はあまりそのことが気にならないのは、彼らがいずれも、連続殺人が身近なところで起きても、安逸な生活を捨てて逃げ出す意志も気概もない、無為徒食の人間として描かれているからです。

本作の一族も、この家を建てた老当主に依存していることは同じですが、アリスタイドは家族を庇護するためにひとつ屋根の下に集めていたということが、物語の終盤で明らかになります。卓越した洞察力を持っていた彼は、一家の者たちの精神的な弱さや、自己管理能力の欠如を見抜き、家長として自分が彼らを守ってやらねばならないと考えていたのです。

しかしその思いは子供たちに伝わっていたとはいえず、レオニデス家は愛ある仲睦まじい家族ではありませんでした。アリスタイド自身、祖国で若いときに殺人を犯し、イギリスに来てからも法律すれすれの綱渡りを続けて巨富を築いたという、いわくつきの男です。その家族は、当主から主幹事業を任されながら、失敗ばかりしている長男、科学者で夫を熱愛する彼の妻、兄を嫉妬し、働かず読書に耽溺する次男、素人女優で自分の舞台にしか関心の無いその妻、次男夫妻の男女三人の子供、当主の亡妻の姉である老嬢、当主が再婚した若すぎる妻、気弱な家庭教師。円満ではないといっても、グリーン家やハッター家ほど誇張された、露骨な異常さではないぶん、いかにもありそうなリアルな一族です。しかしアリスタイドの急死を契機に、一家の中にあったねじれた心が次第にあらわになっていきます。

老当主は注射薬のインシュリンに混入された毒物で殺害されたが、殺害方法は家族全員が知っていて、アリバイはだれにもなく、彼の死で利益を得る者もいない。ただ再婚の妻は、若い家庭教師と不倫していたと見られている。そのふたりが老いた夫を殺して、自由と遺産を得ようとしたのか？

改めて、物語の舞台となる館に目を向けてみましょう。恋人ソフィアの一家に起きた殺人事件の捜査を手伝うため、話でだけ聞いていたレオニデス邸にやってきたチャールズは、その前に立って唖然とします。

信じられぬ光景だった！　私はスリー・ゲイブルズと呼ばれているわけがわからなかった。イレヴン・ゲイブルズといったほうが、ふさわしいのに！　奇妙なことに、家は見なれない具合にねじれていた（中略）。**まったく釣り合いを無視して、ふくれあがったようなコテッジだ。大きな拡大鏡でのぞいて見た田舎の農家という感じであった。はすかいになった梁、木骨石積み造り、切妻――夜のうちに、キノコのように伸びてしまった〝ちいさなねじれた家〟だ！**※2

その名から外れるほど増築され、膨れ上がった三破風館（スリーゲイブルズ）も、レオニデス家の人々同様、明らかに異様ではあっても充分現実に存在し得る邸宅でしょう。シャクナゲの繁る道を上り、砂利を敷いた車回しの向こうに建つ館は、**見なれない具合にねじれていた**というだけで具体的な描写はありませんが、**木骨石積み造り**、つまりハーフティンバーの**コテッジふう**というなら、傾斜の強い石葺きの切妻屋根の上に林立するたくさんの煙突、縦と斜めに白壁から露出するうるさいほどの間柱（過剰な柱も富の証とみられたといいますから）は外せません。そして一階より二階が張り出すハーフティンバー独特の姿は、**キノコのよう**といえなくもないでしょう。

ねじれていたといっても、実際に柱や壁が歪んだり曲がったりしていたわけではないと思います。ただ美的な均衡を欠いている。見るからにバランスが悪い。海外経験も豊富な語り手のチャールズが、**信じられぬ光景だった**というくらいなのですから、彼の目にはさぞや並外れた、グロテスクな姿と映ったに違いありません。

　遠い南の国から裸一貫でやってきて、およそ紳士的ではない遣り口を駆使して成り上がり、首尾良く上流階級の妻を射止めた男が、その妻の意を迎えるために建てたイギリス風の館は、彼我の文化的ギャップを力尽くで埋め合わせようとする、これもある種の異国趣味（エグゾティスム）に塗り潰されていたと思われます。さりげなさの対極の、度外れた過剰なイギリスらしさで。

　素朴で簡素な美しさを持つはずのハーフティンバーの田舎屋が、金を惜しまなかったがために、かえってアッパークラス的な趣味の良さから逸脱してしまう。この異形の館を、彼のイギリス社会に対する劣等感と復讐心の現れと見るのは深読みに過ぎるかも知れませんが、チャールズは亡き老当主の肖像画を前にして、**これこそ、ねじれたちいさな家を建てた、ねじれた小男のご本尊様なのだ**、と述懐します。**彼のいないねじれた小さな家には、もうなんの意味もありはしなかった**、と。

　先妻を亡くした三十年後、七十七歳のときに二十四歳の女性と恋愛結婚した彼は、財力だけではなく、人間的でかつ性的な魅力の持ち主でもあったのでしょう。孫娘ソフィアは、祖父は醜男の小男ながら精気に溢れ、**女性にかけちゃ天才的だった**といいます。異民族、異人種に貪欲、絶倫、好色、といったステロタイプを当て嵌めて、畏怖したり嫌悪したり、または賛美するというのも差別の常道ですが、この点でも彼は非イギリス的に過剰だったのです。

館の内部は独立した三世帯住宅として作られています。正面玄関の扉の中は広いホールで、ここが動線の要。一階が次男たちの住まい、二階の東西に長男夫妻の住居と、死んだ老当主が後妻と住んでいた部屋々々があり、全員が集う共有の部屋は特になく、台所や浴室もそれぞれに備えられ、玄関ホールからのみ行き来できます。

興味深いのは三世帯の客間のインテリアが、住人の性格を表すように描写されている点です。クリスティは建物の外観より、内部装飾に強い興味を持っていたと思われます。捜査に当たったタヴァナー主任警部の次のせりふは、作者の感慨そのものだったのでしょう。

「**部屋って、ずいぶん不思議なものですな。そこに住んでいる人間について、じつに多くのことを教えてくれるものだ**[※2]」

次男一家の住む一階の、最初に現れるのは広い客間で、壁には舞台写真やデザイン画、ドガの踊り子の絵、またおびただしい数の生花を活けた大花瓶が飾られています。そこは女優である妻マグダの舞台装置で、彼女はいついかなるときも自分がどんな役をどのように演ずるかしか考えない、内面の乏しい、美しいがうつろな女です。その夫のフィリップは、父親の関心と愛情がすべて兄に奪われたと信じ、冷たい怒りを抱えこむインテリ読書人で、彼のます。

領土である書斎は、**冷えびえとした**空気と溢れかえる**古書のかびくさい匂い**で満たされてい

玄関ホールから新しいドアを開け、階段を登ったところのドアの中は長男夫妻の区画で、白壁に幾何学的な抽象画が一枚。あとはガラスのテーブルと椅子、**あるものは光と空間ばかり**というモダンな居間は、無機的で**ちょっと身震いでもしそう**、と表現されています。妻のクレメンシイは、放射線の医療面における実験に関わる科学者ですが、その性格と重ねられたインテリアがこう書かれたのは、女性科学者に対する、作者の軽い偏見の現れかも知れません。彼女の夫ロジャーは対照的に、ガラクタが心地良く散らかり、古びた安楽椅子に煙草の灰が飛び散った小部屋を、自分のために確保していました。妻と夫、趣味は対照的ながら、ふたりの間には愛情があり、特にクレメンシイは現実適応力を欠いた夫を庇護しようと必死です。

当主と若い後妻のブレンダのための続き間があるのは、二階の東翼です。広い客間は高価なファブリックに飾られ、著名な画家の手になる老アリスタイドと先妻、それぞれの肖像画が掲げられています。他には当主の書斎、食堂、夫婦ひとりずつ別の寝室と浴室がありますが、未亡人ブレンダの個性はこの住まいのどこにも反映された様子が見えません。それこそ彼女が一家の中で満足な居場所を得られず、いつまでもよそ者であり続ける現状を表しているようです。亡き夫に買い与えられた、喪の装いには不似合いな高価な宝飾品を、身を守る

防具のようにこれでもかとばかり身につけて、彼女は**なにかにおびえて**います［以上の太字箇所※2］。

次男フィリップと妻マグダの夫妻には三人の子供がいます。長女ソフィアは二十五歳、ユースティスは十六才、ジョセフィンは十二才。ソフィアは二十代の初めから外務省の出先機関に勤めるエリート女性です。下のふたりは学校には行っておらず、家庭教師と使う勉強部屋は出て来ますが、子供部屋は描写されません。

しかし性格はいささかひねくれてはいても、一応真面目に家庭教師の授業を受ける兄と違って、妹のジョセフィンは大人が決めた住居の区分けをこともなく越境し、屋根裏部屋から中庭の古い洗濯小屋まで、屋敷中のどこにでも出没します。その自由さはしかし、彼女が大人たちから大事にされ可愛がられている子供ではないことの結果でした。

困った子だと決めつけられ、眉をひそめられ、それでも誰からも顧みられず気遣われない。そのことを彼女自身がはっきりわかっている。彼女の知性を認め、導いてくれる大人はいない。だからジョセフィンはひとりで決め、ひとりで行動する。家族の会話を盗み聞きしてはノートに書き留めて、人の気を惹くような思わせぶりなセリフを口にする少女は、まるで戯画化されたミステリの中の名探偵です。

一家の中でだれよりも彼女に注意を払っていたのは、亡き当主だったでしょう。しかしそれは少女にとっては、嬉しくもない干渉以外のなにものでもありませんでした。自分はなんでも知っている、親たちも警察もみんな馬鹿だと笑う、醜い小鬼のような少女。彼女こそアリスタイドの直系、ねじれた一族の中のねじれた子供でした。

『グリーン家殺人事件』『Yの悲劇』そして『ねじれた家』と、発表年の順番でお読みいただくと、『Y』が『グリーン家』への挑戦であったように、本作が『Y』に対するクリスティの「私ならこう書きます」という応答だったろうという解釈が成り立ちます（この件についてはネタバレになってしまうので興味を持たれた方は好著『アガサ・クリスティー完全攻略』をご参照ください）[※3]。

老当主の愛ある束縛の結果、ねじれてしまった家族と巨大な田舎屋敷。いっそそのまま崩壊してしまえば、家族はばらばらになり、破産や貧困に見舞われても、その試練を乗り越えて自立できたかも知れない。館がねじれを正されることなく建ち続けたからこそ、避けられなかった悲劇の物語でした。

クリスティは建築に興味が薄かったのかと思いましたが、レオニデス家が木骨石造であるのには、作者の周到な選択を読み取るべきでしょう。建物の加重を壁ではなく、柱や梁の骨組みによって支える軸組み構造の建築は、ねじれたままでも建ち続けることが可能だからです。

※1 原文 The Oxford Dictionary of Nursery Rhymes Iona and Peter Opie　Oxford University Press　1973
引用の詩は篠田真由美訳

※2 『ねじれた家』A・クリスティ　田村隆一訳　ハヤカワ文庫　早川書房　2004

※3 『アガサ・クリスティー完全攻略』霜月蒼　講談社　2014　現在はハヤカワ文庫　早川書房　2018

作者

アガサ・クリスティ
Agatha Christie
(1890-1976)

上層中流階級に生まれ、学校教育は受けなかったが読書により教養を積み、第一次大戦中の薬剤師勤務でも知識を蓄えた。1920年『スタイルズ荘の怪事件』でミステリ作家デビュー。亡命ベルギー人名探偵エルキュール・ポワロはこの作品から登場しているが、作者は人気者の彼を後になるほど持て余していたらしい。

レオニデス家の内観

アリスタイド・レオニデスの客間

重々しく権威的な雰囲気の部屋。華やかな更紗(さらさ)と縞模様の絹のカーテンが部屋を彩り、マントルピースの上には眼光の鋭い老当主の肖像画が飾られている。

次男フィリップ・レオニデスの客間

女優の妻・マグダの趣味によって全体的に華やかで舞台めいている。壁は薄青い羽目板で、舞台写真や俳優の写真、衣裳デザイン画などがいたるところに飾ってある。どっしりとした絹でおおわれた家具があり、マントルピースの上にはドガの踊り子の絵がかかっている。沢山の花をいけた花瓶に茶色の菊、カーネーションもあった。

長男ロジャー・レオニデスの客間

科学者の妻・クレメンシイの性格が現れた部屋。壁は白一色で殺風景。マントルピースの上にはバトルシップ・ブルーとダーク・グレイの三角形をあしらった抽象画が飾られている。家具は3,4脚の椅子とガラスのテーブル、小さな書棚しかない。広い窓がある。

小栗虫太郎作『黒死館殺人事件』

【 黒死館 】

作中に描写されたすべての要素を編み上げて、矛盾なくひとつの建築にすることは不可能だと断じ、敢えてフランス・ロワール地方のシャンボール城を範とした。外壁は玄武岩の切石積みとあったので暗灰色に。

このエッセイが建築とミステリを巡るものになると考えたときから、『黒死館殺人事件』を登場させることは自分的に決定事項でした。取り上げなかったらそれは、明らかに逃げたことになる。そうは思ってもためらいが消えなかったのは、その解明に文字通り人生を捧げた研究者が存在していて、彼の成果に大きく依存せざるを得ないことが最初からわかっていたのと、舞台となっている黒死館の全貌を、建築として具体的に思い描くことが非常に難しい、早い話が絵にも描けそうにないためでした。しかし何度も読み返す内に、絵にも描けないのはむしろ当然のことかも知れない、と思うようになりました。作者小栗虫太郎はおそらくは確信犯的に、視覚化できない幻の館を舞台にした小説を書いたのです。

『黒死館殺人事件』は、雑誌〈新青年〉一九三四年四月号から十二月号に連載され、翌年新潮社から単行本が刊行された長編探偵小説です。アメリカでエラリー・クイーンに『Yの悲劇』を書かせたヴァン・ダイン『グリーン家殺人事件』の影響力は、日本ではこの作品に結実しました。

『グリーン家』『Y』『黒死館』は、「事件の舞台となる富豪の奇妙な館」「館に縛りつけられた血縁の家族」「彼らを支配する故当主の意志」という共通の要素を持っています。しかし、ならば『Y』と『黒死館』が似ているかといえば、まったくそうは見えません。クイーンが探偵による事件解明の論理を精緻にし、読者の意表を突く犯人の正体に結びつけることでヴァン・ダインを超えてみせたのに対し、小栗は館に暮らす奇怪な一族の起源と、舞台となる館の創出にまずは全力を挙げたからです。従って『Y』への回答であるクリスティの『ねじれた家』と『黒死館』は、先に挙げた三点の共通要素はあるものの、さらに大きく印象が異なることが、作品を読み比べていただければおわかりかと思います。

天正遣欧少年使節のひとり千々岩ミゲルと、フィレンツェ大公妃ビアンカの、一夜の情事で孕まれた赤子を始祖とする降矢木家。その後、日本史のざっと三百年を軽々とすっ飛ばした明治の世、当主が欧州留学中に結ばれたフランス人の妻テレーズのために、北相模の地に建てた巨大な城館黒死館に暮らす、門外不出の外国人四重奏団のひとりが毒殺される。それが物語の発端です。

前にも触れましたが、二十世紀初頭のニューヨークには、グリーン家のような、時代から取り残されつつある前世紀の成金富豪の大邸宅がまだ建ち並んで、そういう意味で舞台設定には、ゴシック趣味を纏いながらも一定の現実味がありました。[※1] 富裕階級の退廃を蔑むインテリ層を主たるターゲットにしたヴァン・ダインは、彼らの嗜好に合わせて作品世界をヨーロッパの香り高く飾りつけ、一般大衆向け通俗スリラーとは一線を画すために、名探偵の衒学的雄弁を費やしたのです。

一方小栗は、西欧文明の荒波に乗って欧米から襲来した「探偵小説」というジャンルが、ようやく国産され始めた揺籃期の極東日本の地に、グリーン屋敷を上回る大邸宅とその住人にふさわしい一族を、ゼロから造り出さなくてはなりませんでした。黒死館のおよそ非現実的な壮大すぎる規模も、降矢木家の来歴の夢幻めいた奇矯さも、なぞらえるべきモデルが現実の近代日本には存在しなかったからこその過剰です。異国趣味の極みです。

黒死館の住人たちは当主の遺言により、館の外に逃れる自由を奪われています。グリーン家でも同様の遺言があり、子供たちは当主の死後二十五年屋敷に住まねばならないという設定でしたが、これは明らかに連続殺人を容易にする物語上のご都合主義です。しかし小栗はそこに、黒死館で起きる事件の動機にまで繋がる世にも忌まわしい秘密をひそませ、その点でもヴァン・ダインを超えてみせました。

　さらにもうひとつ、連続殺人の犯人にはグリーン家のそれと一脈通ずる似姿を持たせながら、そちらには乏しい強烈で根源的な殺人動機を与えることを試みています。ですがこれ以上はネタバラシになってしまうので、話を敢えて本稿の目的、黒死館という建築に向けます。作品の開幕早々に登場する**ボスフォラス以東に唯一つしかない**（中略）**豪壮を極めたケルト・ルネサンス式の城館（シアトウ）**[※2]というあれです（本稿の原文引用はすべて作品社の『黒死館殺人事件「新青年」版』に拠っているため、他の刊本と多少の異同がある場合があります）。

　西欧建築史を繙（ひもと）いても、ケルト・ルネサンス式という建築様式は存在しないこと、十九世紀に、ゴシック以前のヨーロッパ文化としてケルトに注目が集まり、主として文芸ジャンルからケルティック・リヴァイヴァル、ケルト文化の復興が唱えられ、日本にも大正期にその情報が伝わっていた、といったあたりは、すでにかなり知られた事実だと思います。[※2]

　ただここには、マンハッタンのグリーン屋敷を**多少軽蔑のひびきをもたせてchâteau（シャトー） flamboyant（フランボワイアン）**[※3]と呼んでみせたヴァン・ダインの、美術評論家らしい気取りに、一歩も譲るものかという小栗の気負いが現れています。ケルト・ルネサンスということばは、ヴィクトリア朝時代に流行した建築スタイルであるゴシック・リヴァイヴァルの言い換えである、というのもひとつの見方ですが、ケルトはゴシックより古く、実態が鮮明でない分よりロマンチックで、小栗が黒死館に与えたいと望んだ魔術的な香りを含んでいるといえます。

残念ながら『黒死館』執筆時、小栗が参照できるケルト関連の、特に映像的な資料は寥々（りょうりょう）たるものでした。その後研究の進展により、現代の我々はあのケルト特有の生命感に満ちた曲線模様を、装飾写本や発掘品に好きなだけ見ることが可能になりました。ですがそれは小栗には叶えられぬ夢で、黒死館にケルト的な装飾が皆無なのも無理からぬことなのです。

それでも彼のケルトに向けた関心が浅いものではなかった証拠に、ケルト・ルネサンス式ということばは一カ所しか現れぬ代わり、作中にはアイルランドの守護聖人聖パトリックやケルト特有の形の十字架などキリスト教方面、ドルイド、告死婆バンシィやアンコウと呼ばれる死神などの土着宗教、虹の足元に黄金の壺が埋まっているという民話など、ケルト関連の語彙が多岐にわたってちりばめられています。

そしてなによりも、館の設計者クロード・ディグスビイは、アイルランドと共にケルト文化の残り香の漂う地とされる、ウェールズの出身と設定されて、黒死館の底流に存在するケルト文化を暗示しているのです。もっともディグスビイはユダヤ人でもあるという記述があり、そこからカバラの暗号術といったモチーフも入ってくるので、ウェールズにユダヤ人は居住していたのだろうか、そのふたつのルーツを併せ持つ人間というのは果たしていたのだろうかと、首をひねるところでもあります。

そして作中に登場する異国の固有名詞は大量で、『黒死館』研究家の山口雄也氏によればドイツ語がもっとも多く、特にケルト関連語が目立つとはいえません。[※4] 当時の日本で入手可能なケルト情報は、それだけ限られたものだったのでしょう。

次に黒死館の外観ですが、最初にお断りしたように、その確定的な姿を作中の描写から推測することは不可能です。多くの語彙がちりばめられ、情報量はかなりあるのですが、意味を取りかねる表現もあり、読めば読むほど五里霧中になります。

なのでここでは原文の引用ではなく、手がかりとなるような単語を中心に抜き出して、語順も入れ替えながら太字で示しました。建築的に首をひねりたい箇所はある程度整理してしまいましたが、これでもわかりやすいとはいえないですね。

正門と**本館**の間に広がる広い**前庭**は**小亭**や彫像で飾られた**ル・ノートル式花苑**で、**パルナス群像**の立つ**噴泉**や、灌木を**動物の形**に刈りこんだトピアリーが並ぶ。

本館は**長い矩形**の**二層楼**で、壁は**玄武岩**の**切石積**。**中央は半円形に突出して、壁面に十二宮を描いた彩色硝子の円華窓。**

左右に二条の張出間があり、その部分の外壁だけは、薔薇色の小さな切石を泥膠で固め、九世紀風の粗朴な前羅馬様式。張出間の窓には、薔薇形窓がアーチ形の格の中に嵌まっている。その部分は礼拝堂に違いなかった。

急峻な屋根の上には**鐘楼らしい中央の高塔、左右の塔櫓、奇妙な形の屋窓や煙突が林立する。**※2

ル・ノートルというのは十七世紀に、ヴェルサイユ宮苑に代表されるフランス整形庭園を造った造園家の名です。見通し線（ヴィスタ）を中心に通した左右対称の平面に、刺繍花壇や池、運河、噴水などを配し、遠景は木立で包むのがル・ノートル式庭園ですから、小栗の描写はその点についてはまず齟齬はありません。

ですが前述のように、ケルト・ルネサンスをゴシック・リヴァイヴァルの読み替えと見て、黒死館は十九世紀ヴィクトリア朝のイギリスで流行した復興ゴシック様式の館だったと考えようとすると、小栗の建築描写はどうもそれらしくないのだから困ります。

そもそもル・ノートル式庭園とゴシック建築は明らかにミスマッチで、その庭に向かうヴェルサイユ宮殿の建築は、様式としては後期ルネサンスから初期バロックというところです。なにより本館の**中央**が**半円形に突出**しているというのは、玄関の車寄せ的なものなのだとして、半円形というのがどうにもゴシック様式となじみません。ゴシック建築の特徴は天へ向かう垂直性で、壁面が曲線を描くことは（教会建築の内陣外観を除いて）ほぼないからです。ただ、正面扉の上にステンドグラスの円窓があるとしたら、この部分はゴシックの教会建築です。

さらに難問なのが**九世紀風**の**二条の張出間**で、礼拝堂の内陣が正面の壁から突き出ているという意味だとしたら、黒死館には礼拝堂が左右二カ所にあるのでしょうか。しかし例えば十三世紀頃の中世の城塞は、入口の左右に円塔を具えてこれを防備するゲートハウス、門楼があり、半円形に突き出たその間に扉があります。矩形の城の門と四隅に円塔が附属するのは、ひとつの基本形です。

『黒死館』には〈新青年〉連載時からいくつか見取り図がついていて、しかしそれが建築的考察には全然役に立たないものなのですが、第三篇には裏庭の壁伝いに記された不審な足跡を示す図に、特に説明もなくあまり大きくない半円の張出間が描かれています。つまりこの張出間は礼拝堂とは関係ないわけですが、黒死館の外壁には複数の半円突出部があるということのようです。となると、その外見は後世の宮殿よりは中世風の城郭建築に近いのか、と考えたくなってきますが、ただこの形を採用すると、中央の半円形の突出と円窓が矛盾し、収まりが悪くなってしまいます。

ヴェルサイユ宮殿の平面図を睨んでいたところ、附属の礼拝堂は、入口部分で宮殿建築の一部になっているものの、バシリカ型の全体が、内陣を庭園とは反対の広場側に向けて、そっくり外壁から突き出ていました。**ル・ノートル式**の名が挙がっていることと合わせみると、小栗の参考資料にヴェルサイユ宮の建築と庭園があった可能性は高まります。もっともヴェルサイユ宮はプレ・ロマネスクともゴシックともかけ離れていますから、いよいよ黒死館の全体像が曖昧模糊としてきます。

それでもなにかの絵は描いていただかなくてはならないので、思い切って奇手に出ることにしました。どうせわからないなら、不一致なところがたくさんあるのは百も承知で、フランス・ルネサンス建築の著名作、十六世紀の初め、当時のフランス王フランソワ一世が建てさせたシャンボール城をモデルとした試案を提出します。四隅に円塔の建つ大天守棟を、さらに四隅に円塔がそびえる城壁で囲むという、城塞のデザインをそのまま豪華絢爛な狩りの館にしたこの宮殿は、非常に有名なものですから、写真の一枚くらい小栗が見ることができたとしても不思議はありません。その中央棟だけを切り出して、外観を玄武岩の黒灰色に代えてみました。奇想の花とでもいいたい、屋根上の賑やかさは描写に一致します。

ただし類似はそこまでで、玄関を入った先の**大階段室**は、残念ながらシャンボール城の二重螺旋大階段ではなく、**馬蹄形**に弧を描く二流れの階段が、円筒形の吹抜の壁に沿って上がり、正面踊り場で一本に合して二階に達するという、これまたバロック的な絢爛たる空間です。大阪中之島に建つ府立図書館（一九〇四年）の、円形階段室を思い出しますが、こちらは階段の付き方が逆です。階段裾に立っていたという二体の西洋甲冑を含めて、小栗が参照した資料を知りたいものです。

この後には、過去三度の変死事件が起きた寝室、古時計のコレクション室、一向に聖所らしからぬ礼拝堂、鐘楼の鐘鳴器室（カリルロン）などが次々に登場しますが、その詳細を極めた描写に反して、館全体の見取り図は蜃気楼の如く混迷を深めるばかりです。細部の描写の密度に反して、全体像が見えないのです。

例えば、これは稀覯書（きこうしょ）ひしめく図書室のインテリアですが、少しまとめて引用してみます。

四方の壁面はゴンダルド風の羽目(パネル)に区切られていて、壁面の上層には囲繞式の採光層(クリアストーリー)が作られ、そこには、イオニア式の女像柱(カリアテイデ)が列(なら)んでいて、天井の迫持(せりもち)を頭上で支えている。そして、採光層(クリアストーリー)から入る光線は、ダナエの「金雨受胎」を黙示録の二十四人長老で囲んでいる天井画に神々しい生動を与えるのだった。尚、床にチュイルレー式の組字のある、書室家具が置かれてある所と云い、また、全体の基調色として、乳白大理石と焦褐色(ヴァンダイクブラウン)の対比を択(えら)んだ所と云い、その総てが、到底日本に於(お)いて片影すら望む事の出来ない、十八世紀維納風(クンメルスブリュケル)の書室造りだったのだ。※2

いかがでしょう。読者を力尽くで圧倒する、小栗流の濃密で衒学的なレトリックの一端なりと、感じていただけたでしょうか。英雄ペルセウスを生むアルゴスの王女ダナエの物語はギリシア神話にあり、西洋絵画の題材にもなっていますが、これに『ヨハネによる黙示録』に登場する、神の御座(みくら)を囲む二十四人の長老というキリスト教のモチーフを加えたのは、黄金の雨に姿を変えて降り注ぎ、ダナエを身ごもらせる神ゼウスのエピソードを、聖母マリアの神聖受胎と重ね合わせる予型論(タイポロジー)的神話解釈と考えられ、※5 小栗の「どーだ！」という得意顔が透けて見えます。

通常小説内の描写というのは、読者にその場の情景を目に見えるように示すために書かれます。そこに登場する固有名詞も、当然読者に理解してもらわなくてはなりません。しかし小栗はここでは、最初から逐語的な読み取りを期待していないようです。イオニア式の女像柱やダナエくらいならまだしも、ゴンダルド風、チュイルレー式、十八世紀維納風にふりがながクンメルスブリュケルと怒濤の勢いで畳みかけられて、その示すものがいちいちわかる読者が果たしていたでしょうか。

『グリーン家殺人事件』で衒学的な長広舌を並べるのはもっぱらファイロ・ヴァンスですが、『黒死館殺人事件』では名探偵法水麟太郎（のりみずりんたろう）のみならず、彼を迎える黒死館の住人たちもこれに劣らぬ饒舌（じょうぜつ）振りを発揮します。その結果、彼らの会話はポープの「髪盗み」からシェークスピアの劇詩、ミルトンの「失楽園」と、古典作品の引用の綴れ織りとなり、原典がありそうで見つからない言辞も少なからずあります。イタリア語のルビの付いた一文は、なんとレオナルド・ダ・ヴィンチの手稿からの引用でしたが、[※4]それがミステリ的に格別な意味を持つかといわれればそうとは思われないのですから、これも一種の装飾です。

つまり先に引用した黒死館の外観も含めて、作者が目指したのは読者が理解できる具体的な情景描写ではなかった。取り交わされる難解な会話同様、それらの固有名詞の絢爛とした響きと漢字+外国語ふりがなの交錯によって、意味はよくわからないけどなにかすごい、という雰囲気を醸し出すことだった。つまり『黒死館殺人事件』は探偵小説の形式を踏んではいるが、実は目も綾な語彙で織られた、意味よりも濃密な文字面とイメージの断片からなる、小説というより散文詩に近いタペストリだったのではないでしょうか。

作者が意図していない視覚化を無理にしてみても、たぶんシャンボール城になぞらえた試案のような、ここが違う、あちらが合わないだらけのちぐはぐなシロモノにしかならない。そしてなまじひとつの鮮明な像を結ばぬからこそ、読者の胸にはそれぞれの、おぼろながら壮大華麗な館の幻影が浮かんでいることでしょう。

そんなわけで、黒死館の建築を読むという本稿の目的は、いささか生煮えのまま終わらざるを得ないのですが、その代わり、ここでミステリ最大のタブーを犯します。

真犯人の名の暴露です。

ミステリの解説や評論で、事前警告なしに真相に触れるのはタブーというのが現代の常識です。『黒死館殺人事件』は小説というより詩だ、とはいっても、それがやはり「犯人は誰だ」というミステリの形式を踏んでいる限り、常識という名の了解事項は尊重されなくてはなりません。

ところが小栗は『黒死館』の中で、『グリーン家』の真犯人の名を、それとわかるように明記してしまっています。この作品を読む発表当時の読者が、同じ雑誌〈新青年〉に四年前に翻訳連載された世評高い『グリイン家の惨劇』を、よもや未読ではあるまい、と考えたのでしょうか。

そうかと思えば戦後桃源社から再刊された『黒死館殺人事件』の解説では、著述家澁澤龍彦が真犯人と動機を堂々とばらしてしまう暴挙に出ています。**ここで私がよしんば犯人の名前をすっぱ抜いたとしても、それによって小説自体の興味が減ずるということは、まずあり得ない**[※6]と。三代奇書のひとつなどと呼ばれる、箍の外れたこの作品には、そうした禁忌破りに人を誘う妖しい力があるのでしょうか。ですがいまここで書こうとしているのは、澁澤が書いた名前ではありません。

名探偵法水麟太郎は、ドイツで抑圧的な建築に生活した十六歳の少年がそのために心を病んだ例と、中世のスペインで任務に堪えなかった異端審問官の青年が、帰された実家で残忍な拷問機械の発明に嬉々として没頭した例を挙げて、建築が人間の精神に及ぼす影響の大きさを説きます。そして黒死館でも、似たようなことが起きているのだと主張するのです。

様式の中に潜んでいる恐ろしい魔力（中略）**それから絶えず解放されない事が、結局病理的個性を生むに至るのだよ。**（中略）**黒死館の人々は、**（中略）**厳密な意味で心理的神経病者たらざるはない**[※2]（後略）

つまり黒死館は住人の精神を歪ませ、狂気に陥れる。機械的な殺人装置のトリックなどではなく、建築様式が住む者を犯罪と殺人に駆り立てる、そんな建物なのだと。『黒死館殺人事件』の真の犯人（人じゃないけど）は黒死館という建築そのもの。住人はその館に操られて惨劇を演じた、というわけです。

エドガー・アラン・ポーの「アッシャー家の崩壊」を遥かな水源に、ヴァン・ダインはニューヨークに建つ廃れかけた成金の屋敷を、名家の末裔が退廃の内に滅んでいく格調高いゴシック小説の舞台に擬装してみせました。

それからわずか六年後、海を隔てた極東の島国で、発想の元絵を遥かに超える漆黒の花が咲きました。

不合理な謎を論理で解き明かしていく本格ミステリの本流は、ゴシック味を捨て去るエラリー・クイーンが作り、クリスティは謎／推理／解決というミステリの要素のひとつだった登場人物に、リアルな人間らしさの肉付けを試みて、ゲームではないドラマを描き出そうとしました。

その流れがさらに未来へ、都筑道夫のいうモダーン・ディテクティヴ・ストーリイ[※7]へと繋がっていったにせよ、小栗虫太郎の『黒死館殺人事件』が形づくった冥い潮流を、奇形の徒花として切り捨てることが正しいとは思いません。そのためにも、人を殺人者にする建築という小栗の構想が、その構造と結びついていま少し具体的に描かれていたならと、無いものねだりをしたくなってしまいます。

※1 『黒死館逍遙 第十号 ケルト・ルネサンス考』素天堂　素天堂文庫　2009
※2 『黒死館殺人事件「新青年」版』小栗虫太郎　山口雄也　注・校異・解題　作品社　2017
※3 『グリーン家殺人事件』ヴァン・ダイン　井上勇訳　創元推理文庫　1959
※4 『黒死館逍遙 第七号 黒死館妙ゴロジー』素天堂　素天堂文庫　2008

※5 『岩波キリスト教辞典』「タイポロジー」の項　大貫隆他編　岩波書店　2002
『西洋絵画の主題物語　II神話編』「ダナエ」の項　諸川春樹監修　美術出版社　1997

※6 『黒死館殺人事件』小栗虫太郎　解説　澁澤龍彦　桃源社　1969

※7 『黄色い部屋はいかに改装されたか?』都筑道夫　フリースタイル　2012

作者

小栗虫太郎
Oguri Mushitaro
(1901-1946)

1933年、雑誌〈新青年〉に短編ミステリ「完全犯罪」を発表してデビュー。特異な舞台にエキセントリックな探偵と犯人、異様な動機、密室に暗号の濃密さは、いま読んでも驚きに値する。名探偵法水麟太郎の登場する本格ミステリの他、秘境冒険もの「人外魔境」シリーズも忘れがたい。

大階段室

玄関広間右手の大階段室。大阪府立図書館の円形階段室を参考に

墓窖（ぼこう）

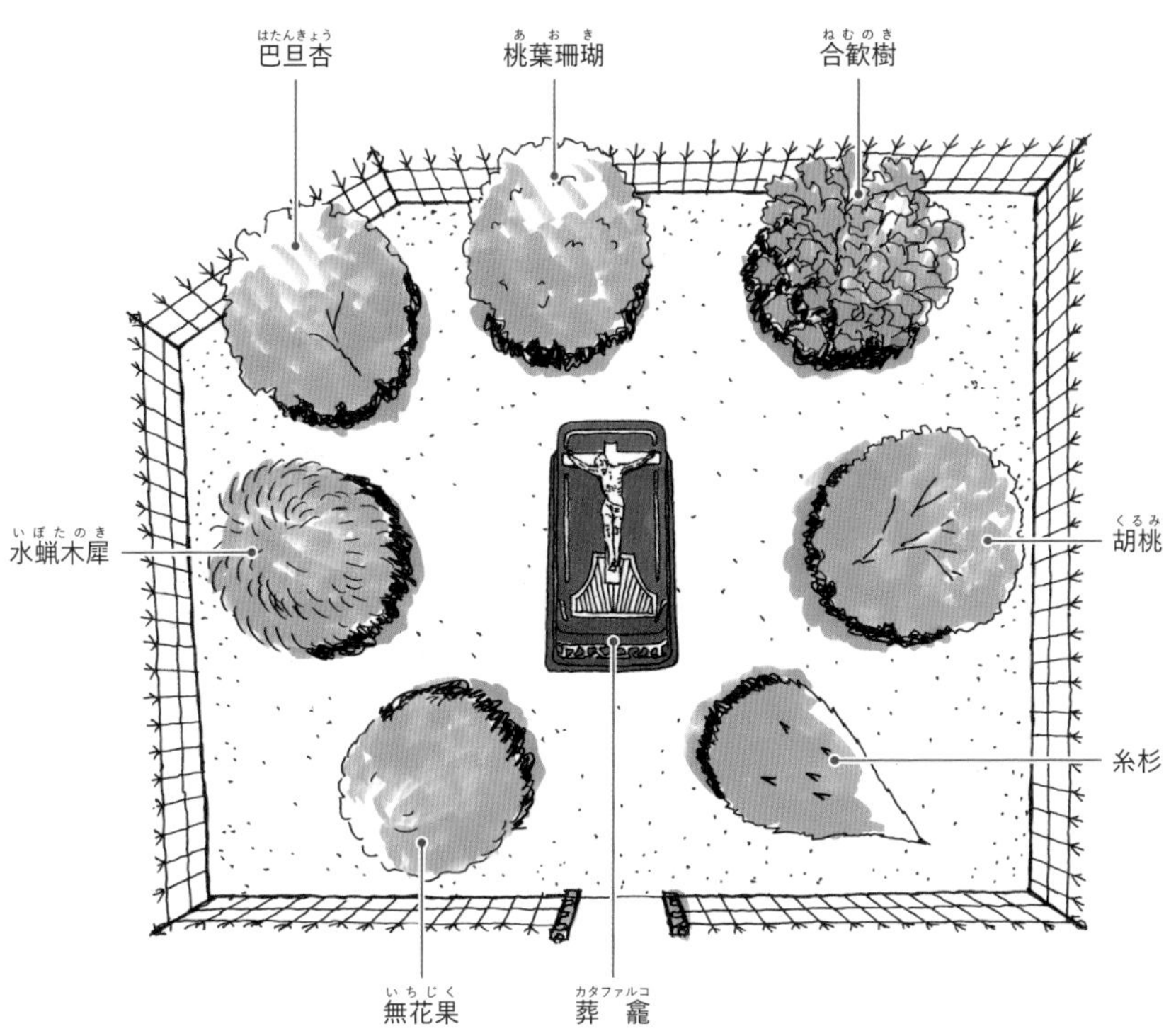

故・降矢木家当主、降矢木算哲が葬られた墓所

Architectural Mystery

Case. 09

中井英夫作『虚無への供物』

【 氷沼邸 】

窓の鉄格子と、屋根が青く輝いていた、という描写からスパニッシュ風の外観を想像してみた。庭に面したガラス戸の中は広縁と畳座敷だが、軒を支える柱とアーチは原作にはないイラスト担当長沖充氏の想像力。

実在と虚構の建築にひそんだ謎を経巡ってきたこのエッセイも、ようやく終幕に辿りつきました。大詰めは中井英夫作『虚無への供物』（一九六四）。第二章までを書き上げたところで第八回江戸川乱歩賞に応募、最終選考に残り、翌々年に完成されて単行本で刊行されたその当初から、『黒死館殺人事件』への挑戦、といった文脈で評価されることが多かった作品ですが、少なくとも舞台となっている建物は黒死館とはまったく違っています。

豊島区目白町二丁目千六百＊＊番地、国鉄（当時）目白駅から目白通りを千歳橋方面に向かった目白警察署の裏。戦災に遭わずに焼け残った戦前からの住宅地の、迷路のような路地の中心部に建つと設定された氷沼邸は、一九二九年建築、間取りは昭和の中廊下型で、居室は洋間中心の、変哲もない二階建て郊外住宅でした。

西向きに内玄関と表玄関とが並び、**西南の角に十畳ほどの応接間**。**南の庭沿いの六尺の幅広い廊下**に面して、**八畳の客間と掘りごたつのある六畳の居間**。東南の角に**六畳のサンルーム**と**八畳の板の間の食堂**。**北東の角が出窓のついた台所**。中廊下の北側に**物置**、**裏木戸へ出られる土間**、**四畳半ほどのタイル張りの浴室**、**三畳の脱衣室**、**トイレ**、**納戸**、**西北隅に爺やの部屋**。二階は主の居室と書庫の他、洋間が三室です。現代人の感覚でいえば、充分すぎるくらいゆったりした間取りとはいえ、やや興醒めなほど現実的で当たり前の家です［太字部分※1］。

無傷の洋風住宅が進駐軍の接収を免れたのは、目白という、当時は都心を外れた場所だったからでしょう。[※2] とはいえ苔むした塀に囲まれた敷地が五百坪というのですから、元華族の邸宅、横溝正史の『悪魔が来りて笛を吹く』に登場した椿邸の半分以下とはいえ、いまの狭小建売住宅なら十棟建ててもお釣りが来ます。家の建坪と比較してもずいぶん庭が広いのですが、そこにどんな造作が凝らされていたかは、残念ながらほとんど書かれていません。特に戦後はまったく手入れされず、荒れ放題のまま放置されていたようです。ところかまわず楢（なら）やぶな、櫟（くぬぎ）を植えこんで昼でも薄暗く、枝が伸び繁ってうっとうしいが、春になると露地にクロッカスやフリージアが花をつけ、沈丁花（じんちょうげ）、木瓜（ぼけ）、木蓮（もくれん）、毒々しいほどの藪椿（やぶつばき）と、春の花はそれなりに賑やかに咲き乱れていました。

死んだ氷沼家の当主は庭の中にさらに垣根を巡らせ、温室や花壇を作って植物学的な研究に没頭していたけれど、いまはそうした造作もすっかり取り払われています。太平洋戦争中、空いている土地は畑にして、食糧増産に寄与せよというのが国策でしたから、少なくともその時代、花作りは人に知られてはまずい秘密でした。垣根の中の温室などが取り壊されたのはその当時のことで、戦後の彼は植物学研究への意欲も無くしていたため、再建もされず放置されたのだと思われます。虚無への供物（オフランド・オゥ・ネアン）と名付けられた一本の薔薇が育ちつつあったのは、その元薔薇園（ローゼン・ガルテン）でした。

改めて氷沼邸の建物を検討します。建築は一九二九年（昭和四年）で、一階の二間以外はすべて洋室ですが、外装材や屋根についての言及はありません。**昭和の初めごろから流行した規格形**[※1]ということなので、木造に壁は色モルタル吹きつけといったところか。ただ屋根は月光に**蛇の鱗みたいに青く輝いて**[※1]とあるので、材質はいっそ釉薬のかかったスペイン瓦を想像しましょうか。祖父の代は富裕な宝石商だったので、こそ泥除けにすべての外窓に鉄格子が嵌まっているというのですが、スパニッシュなら装飾的な窓格子も不自然ではなくなります。

一階で一番よく使われるのが畳敷きの居間で、家族も訪れた友人も仲良く掘りごたつに入ります。現代より人と人の距離が近い印象です。玄関横にある洋間の応接室は、家族会議のような改まった時には使われますが、話が終わるとそろって居間に戻ってきて、徹夜の麻雀大会をするのも掘りごたつです。居間に隣接する床の間付きの八畳間は客間としては使用されている様子はなく、奥の広い食堂や、庭に面したサンルームもほとんど使われていません。二階は各自の個室で鍵のかかる洋室です。しかしこれだけ舞台の様相が違っても、『虚無』と『黒死館』を結びつけることがとんでもない的外れに見えないのは、名探偵法水麟太郎と黒死館の住人たちが惜しみなく振るってきた衒学的おしゃべりが、こちらでは複数の迷探偵たちの口から溢れ出て、作品全体を賑やかなオーラで包んでいるからです。

そこを見ればこの作品の作者もまた、ヴァン・ダインや小栗のようにきらびやかな語彙をちりばめて小説世界を装飾し、読者を幻惑しようとしているのではないか、と思われても不思議はなかったでしょう。ですがそれは、作者の意図するところではありませんでした。**小栗に挑戦などという大それた意図はなく、確固とした現実を透かして非現実が見え出す**のが狙いであったと、作者自身が記しています。[※3] 確かに本作にきらきらしい数々のペダントリィは、装飾以上の、現実を蔽い隠して非現実にすり替えるための巧妙な装置でした。

そのいちいちに立ち入る余裕はありませんが、なによりも『虚無』はミステリ・ファンのための小説です。作中に登場する関係者に、ミステリ大好きのマニア率がやたらと高い。**「黒死館ふうな大階段や古代時計室でもありそう」「『黒死館殺人事件』ぐらい読んでからおっしゃい。メイド・イン・ジャパンも安物ばかりじゃなくってよ[※1]」**などというせりふも出て来ます。

小栗が書物的教養の限りを尽くし、脳漿を絞って築き上げた異国趣味の大城館も、ここでは迷探偵たちが愛好するミステリのひとつでしかありません。太平洋戦争の戦禍に焼け野原と化した東京も、復興への歩みを本格化させている時代、すでにエグゾティスムは現実から飛翔するための翼ではありませんでした。その代わりに登場人物たちが語り続けるのがミステリへの愛であり、そのロジックです。

素人探偵たちに必須の知識として繰り返し引用されるのは、その他「ノックスの探偵小説十戒」に江戸川乱歩の『続・幻影城』。さらにはコナン・ドイル、ヴァン・ダイン、ディクスン・カー、チェスタートンなど、著名作家の名と作品タイトルが次々と飛び出して来て、「氷沼家殺人事件」を取り囲む迷探偵たちは、作中で現実に起きている事件をミステリの推理に倣(なら)って解こうとするのです。

『黒死館』の名探偵法水も、グリーン家の殺人を小説ではなく実際に起きた事件のように例として挙げてみせます。しかし『虚無』では氷沼家の怪死事件を巡り、迷探偵たちが自分をホームズやポワロになぞらえて、大真面目に推理合戦を繰り広げます。現実的に考えてみればずいぶんナンセンスな話なのですが、決してギャグではなく、読み進めている内はその不自然さに気がつけません。そして彼らが推理する幾多の《真相》の中で、変哲もない中廊下型住宅は、ポーが「赤き死の仮面」で描いた七色に飾られた僧院に変わり、広島の原爆で死んだはずの従弟や、黒をまとった無頼漢が立ち現れて、やすやすと密室殺人を犯しては消え失せるのです。

なぜ『虚無』の登場人物たちは、現実をミステリに読み替えようとするのか。言い換えれば、作者はなぜ現実の裏面に非現実を立ち上がらせ、世界を変貌させねばならなかったのか。それは、謎解きのミステリが理知によって世界を秩序立て、建て直すものだからです。

総ての謎には理由があり理解可能なものだと、ミステリの名探偵は証明し、関係者を納得させます。しかしいうまでもなく、この世界の現実はミステリのようではありません。多くの犯罪と悪行は、切実な動機を持ち、企み抜いたトリックを駆使する知的な犯人によってではなく、普通人のささやかな欲得や愚劣な思いこみから、あるいは犯意すら明確ではない、ものの弾みで引き起こされるのです。現象としての悪は存在しても、捕らえられ、糺（ただ）され、裁かれる人間は、成した悪に匹敵しない。卑小な殺人者を断罪し、名と顔を晒して裁き、絞首刑に処したところで死者は蘇らず、残された者たちの受けた傷が癒やされるものでもありません。

ましてや現実には戦争という、個人の犯罪を遥かに超えて死と破壊を生み出す蛮行が存在します。二十世紀に入って、戦いにロマンや名誉という夢幻が伴っていた時代は、遠い過去となりました。大義は看板に過ぎず、善悪の別は勝敗が決める。その索漠として救いのないこと。だからこそミステリは愛されるのです。現実に傷ついた者を慰撫する神話として。『虚無』の発端となった洞爺丸（とうやまる）事件、千人を超す死者行方不明者を出し、いまなお日本最悪といわれる海難事故も、何者かの悪辣な陰謀でも、やむにやまれぬ犯罪でもなく、当時の気象予報の未発達と関係者の正常性バイアス、過誤というにも足らぬ不幸な偶然の積み重ねが引き起こした、としか云いようがないのが真相です。

そこでは名探偵の推理などというものは、なんの役にも立たない。誰しもそれを承知しているからこそ、一時ミステリで夢を楽しんで、本を閉じて現実に戻ってきます。どれほど作中の舞台が現実のロンドンや東京に似ていても、本の外には快刀乱麻の推理で正解を導いてくれるホームズや金田一耕助はいない、とわかっています。けれどこの『虚無への供物』という作品は、少し違うのです。

物語は一九五四年の十二月十日に開幕しますが、作者はその初めに「二重橋圧死事件」「第五福竜丸の被曝」「黄変米事件」そして「洞爺丸」という、その年に起きたニュースを列記して、荒れすさんだ戦後日本社会を読者に思い出させます。ミステリ・マニアたちが夢想する妖しくも美しい「氷沼家殺人事件」の周囲には、こんな現実があったのだよ、と。

小栗が膨大な語彙を積み上げて、黒死館という舞台の周囲に、現実を遮断する異形の城壁を建て巡らせたのとは正反対に、『虚無』の作者はミステリに酔いしれようとする読者に冷水を浴びせかけるように、章の変わるたびに異常乾燥や電力危機といった新聞の見出しを差し挟んでみせるのです。

さらに後半になって氷沼家の事件は、『グリーン家』『黒死館』とは打って変わって外へ、東京という都市の中へと広がっていきます。氷沼邸とは大きく離れた動坂のアパートで起きた密室事件、さらに二十三区内で相次ぐ殺人と放火。目白・目赤・目黄・目黒・目青、五色不動と五色の薔薇が咲く薔薇園の暗合。現実のみを知る者には別個の事件としか思われないそれが、迷探偵たちの目には「氷沼家殺人事件」の第二幕、稀代の犯罪淫楽者の描き出す地獄絵図と映る。その奇怪な二重像を提示して、作者は問いかけるのです。君はどちらを選ぶ？ 名探偵が追うべき邪悪な犯人が跋扈（ばっこ）する世界と、千人を超す乗客が北の海に呑まれ、それが単なる事故だという世界と。現実と非現実の境界は、安心して信じられるほど強固なものじゃない。牢獄の壁のどちらが内でどちらが外か。囚人と看守はたやすく入れ替わるものなのだよ……

そして訪れた最後。

伏せていた目を上げ、探偵たちに向かって微笑む真の犯人は誰だったのか。

それはもちろん、作品を読んでいただくしかありません。

こうして氷沼家は、いま、まったく崩壊し去ったのだった。※1

ポーの『アッシャー家の崩壊』のラストを思わせる一文と共に犯人が姿を消した後、作者は四国高松沖の紫雲丸転覆など、その後も続く日本社会での似姿めいた事件を点描し、やがて迷探偵らの手によって「氷沼家殺人事件」が小説化されるだろうことを描いてエピローグとします。

通常のミステリは事件の解明が秩序の回復をもたらし、すべては旧に復したことを見せて終わります。犯人が捕らえられたところで死者が生き返るわけではないのですが、それはいわないのがお約束です。所詮すべては虚構の中、本を開いて見る一場の夢で、ページを閉じれば虚構の世界もジ・エンド。読者はこともなく現実に還ってくる。

けれどこの物語は閉じていない。迷探偵たちに解決の能力は無く、犯人は司直の手に渡されることも、自殺することもなく姿を消し、作中に取りこまれた現実はそのまま本の外に、読者の存在する現実に繋がってしまう。救済と回復という機能を敢えて放棄し、傷口を開いたまま幕を引く物語。物語の虚構性の記号としての、異国趣味に代わるミステリ趣味も、薄れてフェードアウトしていきます。

しかしその作中で現実と非現実の二重像を経験してしまった読者は、小説から地続きのこの現実が、ルビンの壺のように容易く反転する、地と図に過ぎないように思えてこないでしょうか。私たちの立っていると信じてきた現実は、果たしてそれほど確かなものなのだろうかと。

それが『虚無への供物』という小説の恐るべき企み、作者自身が初版のまえがきでそれを「アンチ・ミステリー、反推理小説」と定義した由縁です。

※1 『虚無への供物』中井英夫　講談社文庫　講談社　1974

※2 『図説占領下の東京』佐藤洋一　ふくろうの本　河出書房新社　2006

※3 『日本探偵小説全集6　小栗虫太郎集』解説「小栗虫太郎私記」塔晶夫　創元推理文庫　東京創元社　1987
（塔晶夫は中井英夫が1964年『虚無への供物』を刊行したときにのみ用いた筆名）

＊　氷沼邸一階の平面図は、文庫版中井英夫全集　東京創元社　第一巻『虚無への供物』解題で見ることができます。

作者

中井英夫
Nakai Hideo
(1922-1993)

東京大学在学中、同人誌〈新思潮〉に関わり、中退後は短歌誌の編集者として、寺山修司と中城ふみ子をデビューさせる。1964年『虚無への供物』刊行。1974年『悪夢の骨牌』で泉鏡花文学賞。命日は1993年の奇しくも『虚無への供物』開幕と曜日も同じ12月10日だった。

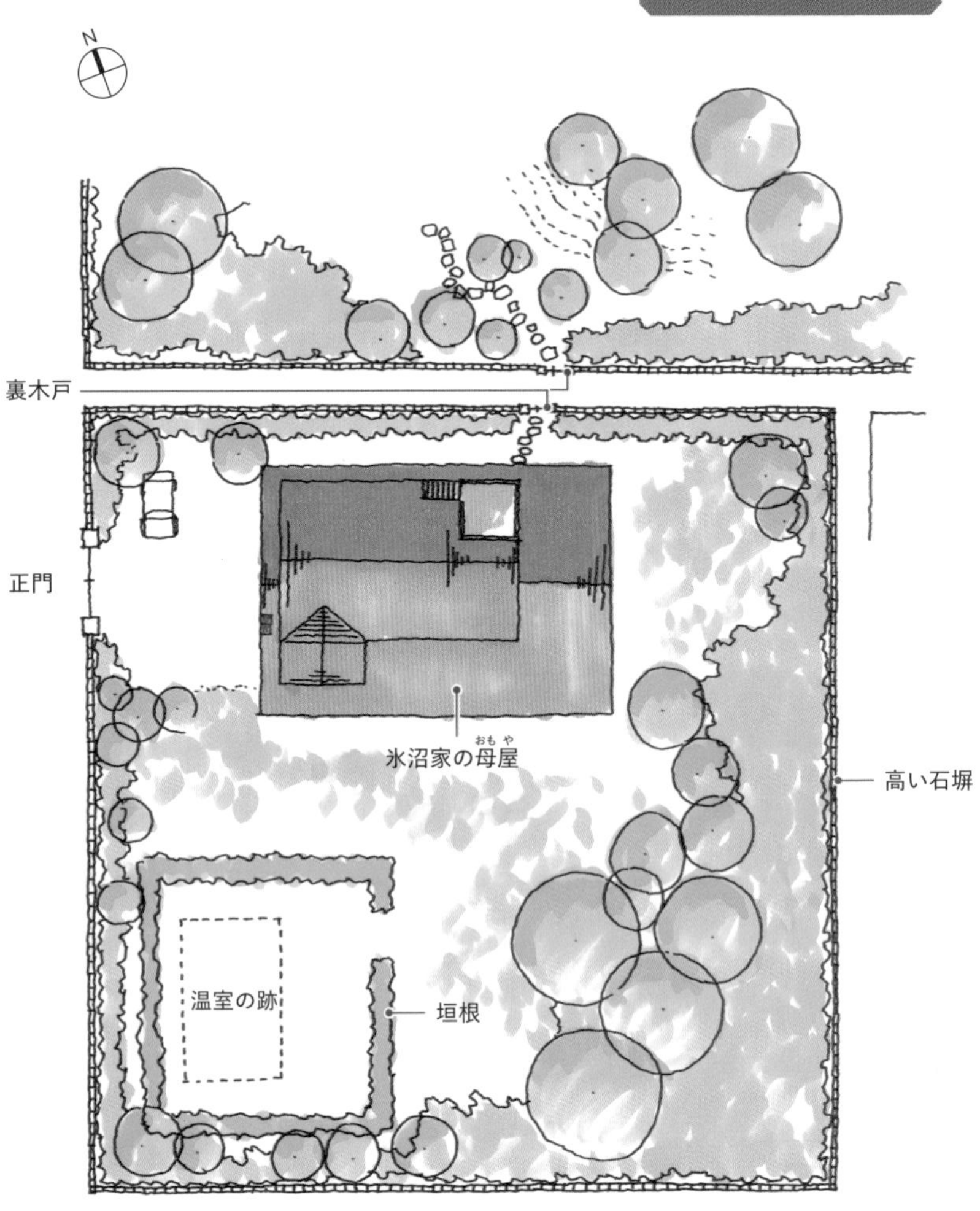

間取りなどもごくありふれた平凡な二階屋。
500坪ほどの庭には楢やぶな、櫟を植え込んでいて昼間でも薄暗い。

氷沼邸と五色不動配置図

物語が氷沼邸から広がっていく第三章以降も、その現場はほぼこの図の中に含まれる。

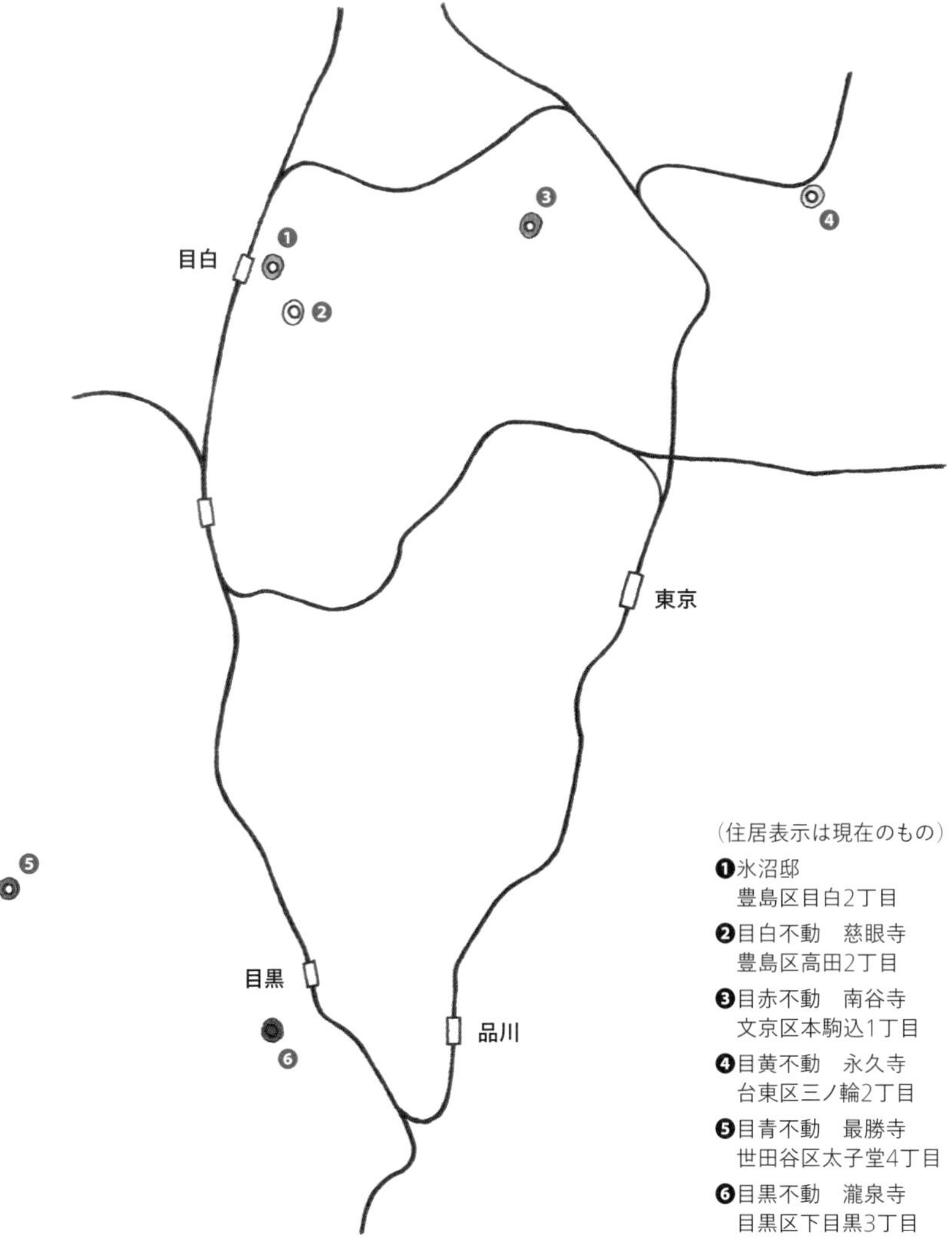

キイワードで読み直す

本書の基本主題は「異国趣味（エグゾティスム）」です。その体現者をフランスの文人ピエール・ロチとしたので、読みはフランス語に統一しています《1／2》。

　＊第一部 Case.2 を指すときは《1／2》のように書きます

幕末から明治、日本に押し寄せた西欧文明によって生み出された「和洋折衷建築」は築地ホテル館《1／1》、鹿鳴館《1／2》、龍翔小学校と旧済生館《1／3》を取り上げています。《1／5》では日本のみならず、世界のいろいろな場面で見出される建築様式の折衷の諸相をまとめました。日本での住宅改良の流れとしての「和洋館併置式」「中廊下型住宅」は、第二部に連結します。

日本にそうした西欧文化導入を担った「お雇い外国人」のふるさとイギリスで、新時代のシンボルとなった万国博覧会と水晶宮《1／5》は、「異国趣味」の発露としてここまでの折衷建築と繋がり、機能性合理性という意味で「モダニズム建築」へと連携します。《1／6》の中銀カプセルは「モダニズム」住宅の試みであり、同時にミステリの一ジャンルを占める「密室」のイデアでもありました。これを繋ぎにして話は現実の建築からフィクションの建築へと向かいます。

山田風太郎の描いた築地ホテル館《2／1》は、《1／1》の現実にあったと推定される姿から、小説のために変形された建築となっています。

《2／2》で取り上げた横溝正史『悪魔が来りて笛を吹く』の元椿子爵邸は、明治の初頭から多く建てられた「和洋館併置式」、玄関と接客部を洋風に、家人が生活を営む区画を日本家屋に造作し、ハレとケを洋と和に配分した二重構造の館でした。

《2／3》では実在の建築家下田菊太郎を軸に、彼が提唱した帝冠併合式と、瓦屋根に洋風壁体を合わせるタイプの「和洋折衷建築」を論じています。

《2／4》はいかもミステリらしい奇矯な建築として、ライン川を見下ろして建つ髑髏城が登場しますが、これが「異国趣味」の塊と見えて実は、マジシャンであった所有者の創意による機能性＝「モダニズム」の建築だったのではないか、という深読みをしています。

《2／5》《2／6》《2／7》は、『グリーン家殺人事件』『Yの悲劇』『ねじれた家』と、ミステリがゴシック的な「異国趣味」を脱却していく流れを、舞台となる建築を軸にして見ました。しかし『グリーン家』の影響下に書かれた『黒死館殺人事件』《2／8》は、逆に「異国趣味」の極地を目指しました。そして戦後に生まれた『虚無への供物』《2／9》は、輝きを失った「異国趣味」を軽やかに脱ぎ捨て、「中廊下型住宅」に幻想の楼閣を重ねる真にマジカルな作品となりました。

『ミステリな建築　建築なミステリ』を楽しむための ブックガイド

＊新刊では入手困難なタイトルも含まれています。小説など複数の版が存在する場合、比較的入手しやすいものを優先し、その刊行年をつけました。

●**『日本の近代建築』**上下　藤森照信　岩波新書　岩波書店　1993
近代建築に関心を持つ者に格好の手引き書です。通史として全体を眺め、そこから奥へと分け入るその入口となります。

●**『世界の名建築歴史図鑑』**　五十嵐太郎　エクスナレッジ　2021
本書に登場した「植民地建築」「擬洋風」「建築進化論」などのキイワードと実作が、豊富な写真と簡潔な解説で見られます。

●**『密室入門！』**　有栖川有栖×安井俊夫　メディアファクトリー　2008
現役ミステリ作家と建築家が「密室」について語り合う対談、まるまる一冊。密室ミステリのファンにも初心者にも楽しめます。

●**『本格ミステリーを語ろう！　海外編』**　芦辺拓　有栖川有栖　小森健太朗　二階堂黎人　原書房
1999
現役作家の座談で綴る欧米ミステリ史。ちょっと前の本になってしまいましたが、ポーから始まる本格ミステリの流れを見るのにとても使える一冊です。

●**『本格力　本棚探偵のミステリ・ブックガイド』**　喜国雅彦　国樹由香　講談社文庫　講談社
2020
これから古典ミステリを読んでいこうとする読者のために。文庫になって作者名、作品名の索引がつき、ブックガイドとしての使い勝手が大きくアップしました。

●**『レディ・ヴィクトリア完全版　セイレーンは翼を連ねて飛ぶ』**　篠田真由美　アトリエサード
2022
連作短編の第二話が「築地ホテル館殺人事件」です。明治初めの日本社会が事件の動機に繫がっています。

●『**エドの舞踏会**』 山田風太郎 ちくま文庫 筑摩書店 1997

語り手は薩摩出身の海軍士官山本権兵衛。自他共に認める武骨者の軍人が、舞踏会への出席勧誘を命じられ、アメリカで十年の留学生活を送った当代随一のハイカラ夫人、大山捨松の供をして政府元勲らの夫人たちを訪ねていく。歴史の表舞台には現れにくい、政治家の家庭生活とそこに生きる女性たちにスポットが当たる、明治ものでも異色の作品です。ただまことに残念ながら、鹿鳴館の建築描写はほぼありません。ちくま文庫版山田風太郎明治小説全集は築地ホテル館が登場する『明治断頭台』はじめ、いずれもお勧めです。虚構によってのみ語れる真実がここにあります。

●『**暁英 贋説・鹿鳴館**』 北森鴻 徳間文庫 徳間書店 2011

トマス・グラバー、河鍋暁斎、岩崎彌之助など実在した人物を絡ませて、明治初期の東京を舞台に、「なぜあのような鹿鳴館が創られたか」に大胆な答えを用意した、山田風太郎の衣鉢を継ぐ伝奇ミステリは、作者の急逝により未完に終わりましたが、おおよその結末は推測可能なところまで書き進められています。作者の死後見つかった史料で、彼の立てた仮説は残念ながら否定されてしまいましたが。

●**『時の密室』** 芦辺拓　講談社文庫　講談社　2005

明治の大阪とお雇い外国人「エッセル氏」が登場する傑作ミステリ。現代と過去を結び、光と闇、白と黒が反転し合う、エッシャー作品のイメージがミステリの真相を照らし出します。三国の小学校の話は出てこないのが惜しい。

●**『エマ　ヴィクトリアンガイド』** 森薫　村上リコ　エンターブレイン　2003

長編マンガ『エマ』の作者とヴィクトリア朝に詳しいライターによる副読本。時代背景や多様なトリビア、参考文献が楽しい一冊です。

●**『ロンドンに建ったガラスの宮殿　最初の万国博覧会』** 月刊たくさんのふしぎ　2023　11月号

村上リコ文　THORES柴本絵　福音館書店

資料にもとづいたフルカラーのイラストで、在りし日の水晶宮と出会うことができます。

おわりに

建築に興味を持ったきっかけは、「はじめに」で書いた子供時代の記憶のみならず、複数あります。雑読乱読の読書体験や、一九八〇年春に、横浜の大桟橋からソ連船に乗って旅立ったユーラシア貧乏旅行の見聞。そして一九九四年に「建築探偵桜井京介の事件簿」というミステリのシリーズを書き始めたことで、バラバラのカードが纏まり出すのと同時に、「明治の日本に怒濤のように押し寄せた外来文化としての西洋建築と、ミステリというジャンルの小説には、一種の相似性が見て取れるのではないか」という思いつきが自分の中に浮かんできたのです。

そのまことに頼りないアイディアに導かれ、建築史家藤森照信先生などの著作を手がかり足がかりに、近代建築からミステリを読み、ミステリから近代建築を論ずるという、下手をすればどっちつかずの半端ものになりかねぬ企画が、こうして形にできたのは、まことに望外の幸運でした。一年余の連載でその意図を十全に達成したなどとは夢にも思いませんが、これまで存在しなかったものを指さす、その指先くらいにはなれたかも知れません。

『グリーン家殺人事件』が書かれてから九十六年、『黒死館殺人事件』から九十年、『虚無への供物』から六十年。いまも謎解きのミステリは世界中で書かれ続け、特に日本では、『悪魔が来りて笛を吹く』の項で触れたように「館ミステリ」という名称が当たり前のように使われる昨今です。

繰り返しになりますが、日本に西欧の文化が津波のように押し寄せた明治、西洋建築＝館も、謎解きミステリも、我々のもとに到達した怒濤の一部でした。伝統という根を持たない異物で、それゆえにこそ強い吸引力を持っていました。

気候も素材も違う土地で異国の建築様式をなぞれば、それは一種の翻案です。文学の翻訳はどれだけ直訳を心がけても、異なる言語による以上は新しい色を纏う交雑種たることを免れません。異文化は必然的に折衷し、それゆえの怪しさ、胡散臭さは、同時にその魅力でもあります。

かつて人類を魅了してきた「異なるもの、見知らぬもの、珍奇なもの」に嫌悪しながら惹きつけられ、恐れながら求めるエグゾティスムは、未知の名称に即座に一定の答えを提示する魔法の機械＝スマートフォンをだれもが持つ現代にあって、ほぼ意味を喪失したように思われます。日本でいまも書き続けられている「館ミステリ」と呼ばれる作品に、もはや彼方への憧憬が感じられないのも当然でしょう。ただ、日本の伝統的木造建築ではないものを指して「館」と呼ぶその名称にのみ、微かな「異なるものへの夢想」の残り香が漂っているようです。

近代日本の黎明につかのま、幻のように出現した築地ホテル館から始まったこのエッセイが、氷沼家という虚構の館の消滅にたどりつき、同時に現実の日本を一冊の本、一作のミステリという虚構の中に包みこんでしまう、故中井英夫の描いた空前絶後のラストに至る道筋を含めて、お楽しみいただけましたならなによりの幸いです。

その狙いが幾分でも実現できたとしたら、担当編集者の佐藤美星（さとうみほし）氏とイラストをつけてくださった長沖充（ながおきみつる）氏のご助力の賜物でしょう。また、連載中ネット上の書きこみに反応して、示唆やアドヴァイスをいただいた、イラストレーター森咲郭公鳥（もりさきクークー）さんや、匿名ミステリ愛好者の皆様にも、心から感謝申し上げます。

そして最後になりましたが『黒死館』研究者、畏友素天堂こと山口雄也（やまぐちかつや）氏に。二〇二三年八月、思いがけぬ氏の訃報に接した驚きと痛みはいまだ消えません。黒死館の解明に文字通り生涯を捧げた彼の墓前に、この一書を捧げます。

篠田真由美

文 篠田 真由美（しのだ まゆみ）

1953年東京生まれ。1977年早稲田大学第二文学部卒。1992年第2回鮎川哲也賞最終候補作『琥珀の城の殺人』でデビュー。1994年より講談社ノベルスで近代建築史研究者を探偵役にした本格ミステリ「建築探偵桜井京介の事件簿」シリーズを開始。累計部数100万部を突破した。その他、伝奇、幻想、怪奇などを広く執筆。2016年から19世紀ロンドンを舞台にしたミステリ「レディ・ヴィクトリア」シリーズを始める。2022年12月新作がアトリエサードより刊行。

イラスト 長沖 充（ながおき みつる）

長沖充建築設計室主宰。1997年東京藝術大学大学院美術学研究科建築専攻修士課程修了後、小川建築工房、中山繁信/TESS計画研究所勤務を経て、2005年より現職。1級建築士、都立品川職業訓練校非常勤講師、会津大学短期大学部非常勤講師。日本大学生産工学部非常勤講師。共著書に『やさしく学ぶ建築製図［完全版］』（エクスナレッジ、2022）ほか。

本書は、［建築知識］2022年8月号から2023年11月号にかけて連載した内容を大幅に加筆修正し、まとめたものです。

ミステリな建築 建築なミステリ

2024年3月28日　初版第一刷発行
2024年5月2日　　　　第二刷発行

著者　篠田真由美(文)
　　　長沖充(イラスト)

発行者　三輪浩之

発行所　株式会社エクスナレッジ
〒106-0032 東京都港区六本木7-2-26
https://www.xknowledge.co.jp/

問合せ先
編集　Tel:03-3403-1381　Fax:03-3403-1345
info@xknowledge.co.jp
販売　Tel:03-3403-1321　Fax:03-3403-1829